Sabine Nowack
Tiffany Powell

Geschichtsunterricht mit Flüchtlingskindern 5–7

Arbeitsblätter mit darauf abgestimmten Wortschatzkarten:
Sofort-Hilfe für Lehrer ohne DaZ-Kenntnisse

Bildquellen

S. 43	Pyramiden: shutterstock.com, © WitR
S. 44	Totengericht: © bpk/The Trustees of the British Museum
S. 59/61	Griechische Vase Handel: © akg-images/Erich Lessing
S. 59/61	Griechische Vase Ackerbau: © akg-images/Erich Lessing
S. 59/61	Griechische Vase Bildung: © akg/North Wind Picture Archives
S. 71/72/73	Forum Romanum: fotolia.com, © Samuele Gallini
S. 71/72/73	Kolosseum: fotolia.com, © eyetronic
S. 71/72/73	Circus Maximus: shutterstock.com, © photoshooter2015
S. 72/73	Aquädukt: fotolia.com, © Kushnirov Avraham
S. 83/85	Karl der Große: © bpk/Lutz Braun

In diesem Werk sind nach dem MarkenG geschützte Marken und sonstige Kennzeichen für eine bessere Lesbarkeit nicht besonders kenntlich gemacht. Es kann also aus dem Fehlen eines entsprechenden Hinweises nicht geschlossen werden, dass es sich um einen freien Warennamen handelt.

3. Auflage 2023
© 2023 Auer Verlag, Augsburg
AAP Lehrerwelt GmbH
Alle Rechte vorbehalten.

Das Werk als Ganzes sowie in seinen Teilen unterliegt dem deutschen Urheberrecht. Der*die Erwerber*in der Einzellizenz ist berechtigt, das Werk als Ganzes oder in seinen Teilen für den eigenen Gebrauch und den Einsatz im eigenen Präsenz- oder Distanzunterricht zu nutzen.

Produkte, die aufgrund ihres Bestimmungszweckes zur Vervielfältigung und Weitergabe zu Unterrichtszwecken gedacht sind (insbesondere Kopiervorlagen und Arbeitsblätter), dürfen zu Unterrichtszwecken vervielfältigt und weitergegeben werden. Die Nutzung ist nur für den genannten Zweck gestattet, nicht jedoch für einen schulweiten Einsatz und Gebrauch, für die Weiterleitung an Dritte einschließlich weiterer Lehrkräfte, für die Veröffentlichung im Internet oder in (Schul-)Intranets oder einen weiteren kommerziellen Gebrauch. Mit dem Kauf einer Schullizenz ist die Schule berechtigt, die Inhalte durch alle Lehrkräfte des Kollegiums der erwerbenden Schule sowie durch die Schüler*innen der Schule und deren Eltern zu nutzen. Nicht erlaubt ist die Weiterleitung der Inhalte an Lehrkräfte, Schüler*innen, Eltern, andere Personen, soziale Netzwerke, Downloaddienste oder Ähnliches außerhalb der eigenen Schule. Eine über den genannten Zweck hinausgehende Nutzung bedarf in jedem Fall der vorherigen schriftlichen Zustimmung des Verlags.

Sind Internetadressen in diesem Werk angegeben, wurden diese vom Verlag sorgfältig geprüft. Da wir auf die externen Seiten weder inhaltliche noch gestalterische Einflussmöglichkeiten haben, können wir nicht garantieren, dass die Inhalte zu einem späteren Zeitpunkt noch dieselben sind wie zum Zeitpunkt der Drucklegung. Der Auer Verlag übernimmt deshalb keine Gewähr für die Aktualität und den Inhalt dieser Internetseiten oder solcher, die mit ihnen verlinkt sind, und schließt jegliche Haftung aus.

Autor*innen: Sabine Nowack, Tiffany Powell]
Illustrationen: Steffen Jähde
Satz: Satzpunkt Ursula Ewert GmbH, Bayreuth
Druck und Bindung: Korrekt Nyomdaipari Kft.
ISBN 978-3-403-07915-6

www.auer-verlag.de

Inhaltsverzeichnis

Vorwort 4

Konzepterklärung 5

Didaktisch-methodische Hinweise 6

1. Schulwortschatz 8

2. Fachwortschatz 16

3. Die Frühzeit der Menschen
    3.1. Die Menschen entwickeln sich 22
    3.2. Jäger und Sammler 26
    3.3. Die Menschen werden sesshaft 30

4. Ägypten – eine frühe Hochkultur
    4.1. Das Leben am Fluss – der Nil 34
    4.2. Die Gesellschaft im alten Ägypten 38
    4.3. Pyramiden für die Pharaonen 42
    4.4. Eine Schrift entsteht 46

5. Das alte Griechenland
    5.1. Griechenland – Siedlungen entstehen 50
    5.2. Die Olympischen Spiele 54
    5.3. Alltag im antiken Griechenland 58
    5.4. Der Weg zur Demokratie 62

6. Das alte Rom
    6.1. Rom – vom Dorf zum Weltreich 66
    6.2. Das Leben in Rom 70
    6.3. Die römische Familie 74
    6.4. Der Limes – Römer und Germanen 78

7. Das Mittelalter
    7.1. Karl der Große 82
    7.2. Leben auf der Burg 86
    7.3. Leben in der Stadt 90

Vorwort

Flüchtlingskinder, die nach dem Besuch der Vorbereitungsklasse auf die Regelklassen verteilt werden, sollen möglichst sofort in das Unterrichtsgeschehen mit einbezogen werden.

Sie sollen
- Freude am Zuhören und Mitsprechen sowie am Lesen und Schreiben in der Zweitsprache entwickeln,
- die deutsche Standardsprache immer besser verstehen können (zuerst nur Gesprochenes, dann auch Geschriebenes),
- sich zunehmend differenziert in deutscher Standardsprache verständigen bzw. sich am Unterricht beteiligen können: zuerst nur mündlich, dann auch schriftlich,
- unter Wahrung ihrer sprachlichen und kulturellen Identität in die neue Sprach- und Kulturgemeinschaft als aktives Mitglied hineinwachsen.

Die Kopiervorlagen in diesem Band richten sich an Schüler[1], deren **Muttersprache nicht Deutsch** ist. Sie zielen darauf ab, die Sprachkompetenz dieser Schüler zu erweitern und sie bestmöglich in ihrem mündlichen und schriftlichen Sprachgebrauch zu fördern. Damit wird gleichzeitig die Integration in der Lerngruppe erleichtert.

Die Schüler sollen inhaltlich klar umrissene **fachspezifische Themenfelder** aus den Kerncurricula erarbeiten. Die vorliegenden Materialien sind somit nicht nur für den DaZ-Unterricht, sondern primär für den **Fachunterricht** geeignet. Damit lernen die Schüler die fachlichen Inhalte und verbessern gleichzeitig ihre Deutschkenntnisse. Weiterhin müssen die Schüler nicht separate Inhalte lernen, sondern erschließen sich die gleichen Kompetenzen wie ihre deutschsprachigen Mitschüler. Flüchtlingskinder werden also im Fachunterricht „mitgenommen" und eine Teilhabe am Unterricht wird ermöglicht, was wiederum zu ihrer Integration beiträgt.

Jedes Kapitel ist gleich aufgebaut: Es enthält eine Seite mit Wortschatzkarten, die das unbekannte Vokabular der Arbeitsblätter mittels Bildern und englischen Übersetzungen einführen, sowie zwei Arbeitsblätter in unterschiedlichen sprachlichen und inhaltlichen Differenzierungsstufen. Damit wird ermöglicht, dass die Schüler am gleichen Thema auf unterschiedlichem Sprachniveau arbeiten können.

Die sich im Buch befindlichen Materialien können schnell, einfach und effizient von der Lehrkraft genutzt werden.

---

[1] Aufgrund der besseren Lesbarkeit ist mit Schüler auch immer Schülerin gemeint, ebenso verhält es sich bei Lehrer und Lehrerin etc.

Konzepterklärung

Jedes Thema besteht aus zwei Arbeitsblättern. Diese wurden sowohl sprachlich als auch qualitativ und quantitativ differenziert konzipiert.

Das **einfachere Arbeitsblatt** ist vor allem für Schüler geeignet, die die deutsche Sprache noch in sehr geringem Maß bzw. gar nicht beherrschen. Das **anspruchsvollere Arbeitsblatt** ist für diejenigen gedacht, die schon etwas besser Deutsch können. Beide enthalten eindeutige Bilder, Begriffshilfen und leichte Sprache für ein barrierefreies Erschließen von Texten[1]. Die Sätze sind verhältnismäßig kurz, jede Aufgabenstellung enthält möglichst nur einen Inhalt, abstrakte Begriffe werden vermieden.

Um den Schülern das Erschließen der Inhalte und das Erledigen der Arbeitsaufträge zu erleichtern, werden zahlreiche Begriffe, die in den Arbeitsblättern verwendet werden, mithilfe von **Wortschatzkarten** erklärt. Auf diesen Karten befinden sich das deutsche Wort (Verb, Adjektiv bzw. Nomen), dessen englische Übersetzung und ein passendes Bild. Verben werden in der Regel im Infinitiv und im Imperativ dargestellt, bei Nomen werden Einzahl und Mehrzahl genannt.

Insgesamt werden drei verschiedene Wortschatzarten angeboten. Der **Schulwortschatz** enthält elementare Basiswörter, die benötigt werden, um sich im Umfeld Schule sprachlich zurechtzufinden. Des Weiteren gibt es den **Fachwortschatz**. Dort werden alle grundlegenden Wörter, die für das Fach in den Jahrgangsstufen 5–7 relevant sind, entsprechend dem oben erwähnten Muster abgebildet. Dieser wird ergänzt durch den **Themenwortschatz**, der sich speziell auf das jeweilige Thema bezieht. Die Wortschatzkarten sollten ausgeschnitten und in Karteikästen gesammelt werden, sodass die Schüler die Wörter jederzeit wiederholen und nachschlagen können.

Werden in den Arbeitsblättern den Schülern unbekannte Wörter genannt, sind sie entsprechend gekennzeichnet und können mithilfe der Wortschatzkarten nachgeschlagen werden. Zur Unterscheidung der drei Wortschatzarten werden alle Wörter, die im Schulwortschatz nachzuschlagen sind, mit unterbrochener Unterstreichung markiert. Ist ein Wort durchgehend unterstrichen, so findet man es im Fachwortschatz oder im Themenwortschatz. Selbstverständlich werden die unbekannten Wörter auch in den Lösungen entsprechend ausgewiesen, sodass die Schüler auch an dieser Stelle die Möglichkeit erhalten, fachlichen Inhalt und sprachliche Kenntnisse zu vertiefen.

Auf den Wortschatzkarten sind alle Begriffe alphabetisch sortiert. Sind im Arbeitsblatt Verben durch Konjugation im Vergleich zum dazugehörigen Infinitiv sehr stark verändert (z. B. „miss" und „messen"), wird in Klammern auf den Infinitiv verwiesen, um das Auffinden in den Wortschatzkarten zu erleichtern.

---

[1] In Anlehnung an die Europäischen Richtlinien für leichte Lesbarkeit

Didaktisch-methodische Hinweise

Das vorliegende Werk orientiert sich an den Lehrplänen und curricularen Vorgaben sowie an den gängigen Schulwerken. Es werden damit möglichst viele Inhalte des Geschichtsunterrichts in den Jahrgangsstufen 5–7 abgedeckt. Es soll den Lehrern eine wertvolle Hilfe sein, Lernenden nicht deutscher Herkunft den Unterrichtsstoff der Lerngruppe zu vermitteln und gleichzeitig die sprachlichen Kompetenzen zu fördern.

Die Arbeitsblätter sowie die Wortschatzkarten sollen den Lehrern als Unterstützung dienen, Schüler, die Schwierigkeiten mit der deutschen Sprache haben, in den Geschichtsunterricht einbinden zu können. Durch die Arbeit mit den unterschiedlichen Aufgabenformaten erlernen diese dabei einerseits die im Geschichtsunterricht notwendigen Fachbegriffe, andererseits die erforderlichen Inhalte.

Für jedes Thema gibt es jeweils zwei differenzierte Arbeitsblätter, denen ein gemeinsamer Wortschatz zugrunde liegt. Die Arbeitsblätter sind in ihrer Schwierigkeit sowohl nach dem sprachlichen Niveau als auch hinsichtlich der kognitiven Aktivierung differenziert gestaltet. Somit kann die Mitwirkung der Schüler mit geringen Deutschkenntnissen im regulären Unterricht den individuellen Voraussetzungen und Bedürfnissen der Lernenden angepasst werden.

Dabei sollte nicht außer Acht gelassen werden, dass eine Sprache nur über ein verbales Vorbild erlernt werden kann. Es ist also unerlässlich, die Schüler direkt anzusprechen bzw. sie mit Schülern der Klasse gemeinsam arbeiten – und sprechen – zu lassen.

Es wurde Wert darauf gelegt, dass die Formate vielfach durch Icons erläutert werden und sich die Aufgabentypen wiederholen, um eine Wiedererkennung zu ermöglichen und selbstständiges Arbeiten zu erleichtern.
Häufig findet sich zu Beginn ein Informationstext, in dem auf einfachem Sprachniveau die wichtigsten Sachverhalte erläutert werden.

Bei der Erstellung der Arbeitsmaterialien wurden vor allem folgende Unterrichtsprinzipien zugrunde gelegt:

- **Prinzip der Differenzierung**
  Die Arbeitsblätter in zwei Niveaustufen sind unterschiedlich einsetzbar:
  – Als qualitative Differenzierung: Für leistungsschwächere Schüler ist Niveaustufe 1 gedacht, für leistungsstärkere Niveaustufe 2.
  – Als quantitative Differenzierung: Für leistungsschwächere Lernende kann der Umfang vieler Aufgaben ohne Weiteres reduziert werden, indem sie z. B. nur einen Teil eines Arbeitsblatts bearbeiten. Leistungsstärkere hingegen können zuerst das Aufgabenniveau 1 und später das Aufgabenniveau 2 bearbeiten. Dabei wird ein Teil der Aufgaben Wiederholung sein, um die erlernten Worte zu vertiefen und zu sichern, ein weiterer Teil ist Transferleistung, Verknüpfung oder weiterführende Arbeit.

- **Prinzip der Selbsttätigkeit/Aktivierung**
  Den Lernenden soll die Gelegenheit gegeben werden, einen Sachverhalt mithilfe ihrer individuellen Lern- und Handlungsmöglichkeiten zu bearbeiten, damit sie dabei ihre Selbstständigkeit und Selbstbestimmung entwickeln können. Es wurden daher häufiger Bastel- und Legeformate gewählt, um die Schüler möglichst mit allen Sinnen zum einen selbsttätig agieren zu lassen und zum anderen deren Motivation zu fördern.

Didaktisch-methodische Hinweise

Für Lerner mit geringen Sprachkenntnissen ist hierbei aber eine ständige Begleitung durch die Lehrkraft und/oder Mitschüler notwendig (z. B. um die Aussprache zu üben oder um Farbgebungen zu erläutern).

- **Prinzip der Anschaulichkeit**
  Schon durch den Einsatz der Bilder wird der Zielgruppe der Inhalt verdeutlicht. Wir haben aber daneben vielfach Aufgaben gewählt, die den Lerninhalt über eine weitere Darstellungsebene veranschaulichen sollen, sodass dieser den Lernenden auch sinnlich erfassbar gemacht wird.

Methodisch haben wir uns ebenfalls an den in den Schulbüchern gängigen Aufgabenformaten orientiert. Wichtig bei der Methodenwahl war uns, dass die Schüler für sich selbst arbeiten und dass auch vielfach Verknüpfungen zur Klasse hergestellt werden können.

Bei verschiedenen Aufgaben muss der Atlas benutzt werden. Hier benötigen die Schüler insbesondere Unterstützung bei der Kartenwahl.

Außerdem kommen immer wieder Übungen vor, bei denen die Lernenden mit unterschiedlichen Farben arbeiten sollen. Es scheint uns unerlässlich, bei diversen Aufgaben – z. B. zur Gestaltung einer Karte – nicht auf Farbgebung zu verzichten.

Die Lösungen zu den jeweiligen Arbeitsblättern sind sowohl als Hilfe für die Lehrkraft als auch zur Selbstkontrolle geeignet.

Wir wünschen Ihnen viel Erfolg und hoffen, Sie in Ihrer Arbeit mit den Schülern, die über geringe Deutschkenntnisse verfügen, unterstützen zu können.

Sabine Nowack und Tiffany Powell

Schulwortschatz

Schulwortschatz		
ankreuzen kreuze an! *to tick*		das Ankreuzen – *ticking*

Schulwortschatz		
anmalen male an! *to colour*		das Anmalen – *colouring*

Schulwortschatz		
		die Aufgabe die Aufgaben *the task*

Schulwortschatz		
aufstehen steh auf! *to stand up*		das Aufstehen – *standing up*

Schulwortschatz		
		die Aula die Aulen / Aulas *the assembly hall*

Schulwortschatz		
ausschneiden schneide aus! *to cut out*		das Ausschneiden – *cutting out*

Schulwortschatz		
beantworten beantworte! *to answer*		die Beantwortung die Beantwortungen *the answer*

Schulwortschatz		
		das Beispiel die Beispiele *the example*

Schulwortschatz		
beschreiben beschreibe! *to describe*		**die Beschreibung** die Beschreibungen *the description*

Schulwortschatz		
beschriften beschrifte! *to label*		die Beschriftung die Beschriftungen *the label*

Schulwortschatz

Schulwortschatz			Schulwortschatz		
betrachten betrachte! *to examine*		die Betrachtung die Betrachtungen *the examination*		bildlich *pictorial*	**das Bild** die Bilder *the picture*

Schulwortschatz			Schulwortschatz		
		der Bleistift die Bleistifte *the pencil*			**der Block** die Blöcke *the notepad*

Schulwortschatz			Schulwortschatz		
		das Buch die Bücher *the book*	buchstabieren buchstabiere! *to spell*		**der Buchstabe** die Buchstaben *the letter*

Schulwortschatz			Schulwortschatz		
		der Buntstift die Buntstifte *the coloured pencil*			**das Datum** – *the date*

Schulwortschatz			Schulwortschatz		
durchstreichen streiche durch! *to cross out*		das Durchstreichen – *crossing out*	**erklären** erkläre! *to explain*		die Erklärung die Erklärungen *the explanation*

Schulwortschatz

Schulwortschatz				Schulwortschatz			
	falsch		das Falsche –			**das Fenster** die Fenster	
	wrong		the wrong answer			the window	

Schulwortschatz				Schulwortschatz			
fragen frage!		**die Frage** die Fragen		füllen fülle!		**der Füller** die Füller	
to ask		the question		to fill		the ink pen	

Schulwortschatz				Schulwortschatz			
		der Hausmeister/ die Hausmeisterin die Hausmeister/-innen				**das Heft** die Hefte	
		the caretaker				the exercise book	

Schulwortschatz				Schulwortschatz			
helfen hilf!		die Hilfe die Hilfen		**(sich) hinsetzen** setze dich hin!		das Hinsetzen –	
to help		the help		to sit down		sitting down	

Schulwortschatz				Schulwortschatz			
hören höre!		das Hören –				**das Kästchen** die Kästchen	
to hear		hearing				the box	

Schreibe das Wort in das ☐ .

Schulwortschatz

Schulwortschatz		
		das Klassenzimmer die Klassenzimmer *the classroom*

Schulwortschatz		
lehren lehre! *to teach*		**der Lehrer/die Lehrerin** die Lehrer/-innen *the teacher*

Schulwortschatz		
		das Lehrerzimmer die Lehrerzimmer *the teacher's room*

Schulwortschatz		
	leicht *easy*	

$1+1=2$

Schulwortschatz		
lernen lerne! *to learn*		das Lernen – *learning*

Schulwortschatz		
lesen lies! *to read*		das Lesen – *reading*

Schulwortschatz		
		das Lineal die Lineale *the ruler*

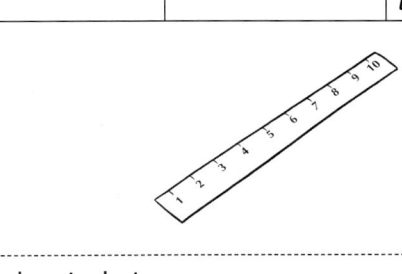

Schulwortschatz		
		die Lücke die Lücken *the gap*

Fülle die _____ aus.

Schulwortschatz		
		das Mäppchen die Mäppchen *the pencil case*

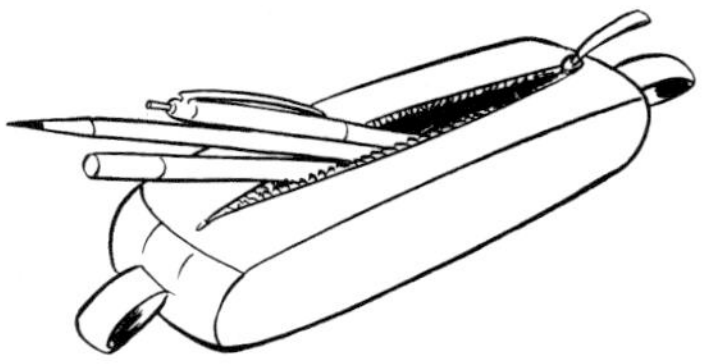

Schulwortschatz		
markieren markiere! *to highlight*		die Markierung die Markierungen *the highlight*

11

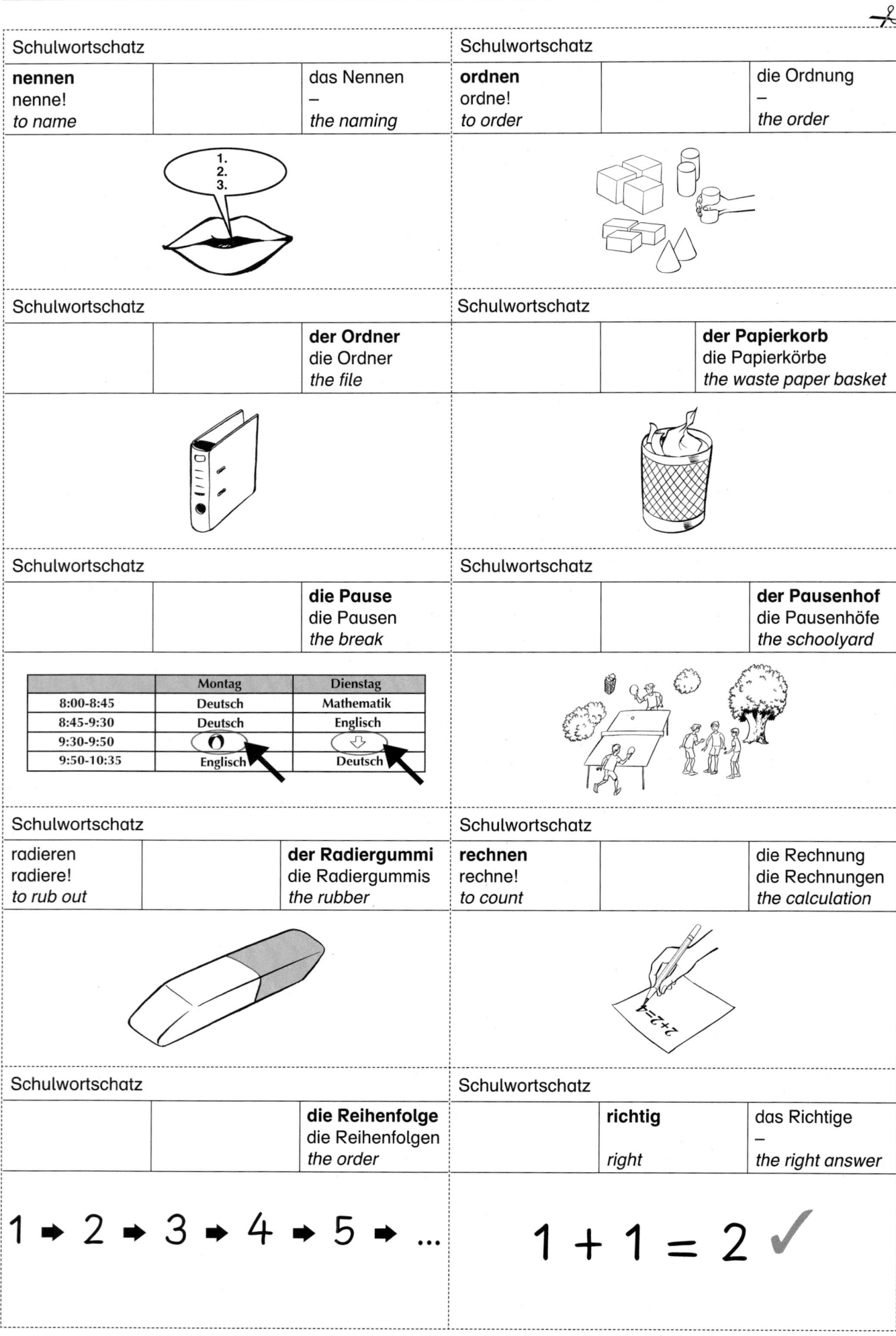

Schulwortschatz

Schulwortschatz			Schulwortschatz		
		die Schere die Scheren *the scissors*	**schreiben** schreibe! *to write*		**das Schreiben** – *writing*

Schulwortschatz			Schulwortschatz		
		der Schulleiter/ die Schulleiterin die Schulleiter/-innen *the head teacher*	**schwer** *difficult*		

Schulwortschatz			Schulwortschatz		
sehen sieh! *to see*		das Sehen – *seeing*			**das Sekretariat** die Sekretariate *the school office*

Schulwortschatz			Schulwortschatz		
spielen spiele! *to play*		das Spiel die Spiele *the game*	spitzen spitze! *to sharpen*	spitz *sharp*	**der Spitzer** die Spitzer *the pencil sharpener*

Schulwortschatz			Schulwortschatz		
sprechen sprich! *to speak*		das Sprechen – *speaking*			**der Stift** die Stifte *the pen*

13

Schulwortschatz

Schulwortschatz		Schulwortschatz	
	der Stuhl die Stühle *the chair*	**suchen** suche! *to search*	**die Suche** die Suchen *the search*

Schulwortschatz		Schulwortschatz	
	die Tabelle die Tabellen *the table*		**die Tafel** die Tafeln *the blackboard*

falsch	richtig

Schulwortschatz		Schulwortschatz	
	die Tasche die Taschen *the bag*		**der Textmarker** die Textmarker *the highlighter*

Schulwortschatz		Schulwortschatz	
	der Tisch die Tische *the table*	**überlegen** überlege! *to consider*	**die Überlegung** die Überlegungen *the consideration*

Schulwortschatz		Schulwortschatz	
überprüfen überprüfe! *to check*	**die Überprüfung** die Überprüfungen *the check*	**übersetzen** übersetze! *to translate*	**die Übersetzung** die Übersetzungen *the translation*

Schulwortschatz

Schulwortschatz				Schulwortschatz			
		die Uhr die Uhren *the clock*		**verbinden** verbinde! *to connect*			die Verbindung die Verbindungen *the connection*

Schulwortschatz				Schulwortschatz			
wiederholen wiederhole! *to repeat*		die Wiederholung die Wiederholungen *the repetition*				**das Wort** die Wörter *the word*	

Schulwortschatz				Schulwortschatz			
		das Wörterbuch die Wörterbücher *the dictionary*		zählen zähle! *to count*			**die Zahl** die Zahlen *the number*

Schulwortschatz				Schulwortschatz			
zeichnen zeichne! *to draw*		die Zeichnung die Zeichnungen *the drawing*		**zeigen** zeige! *to show*			das Zeigen – *showing*

Schulwortschatz				Schulwortschatz			
	zeitlich *temporal*	**die Zeit** die Zeiten *the time*		**zuordnen** ordne zu! *to match*			die Zuordnung die Zuordnungen *the matching*

Fachwortschatz

Fachwortschatz Geschichte		
		der Ackerbau — *the agriculture*

Fachwortschatz Geschichte		
		das Ackerland — *the farmland*

Fachwortschatz Geschichte		
adelig *aristocratic*	**der Adlige** die Adligen *the aristocrat*	

Fachwortschatz Geschichte		
altern — *to age*	**alt** *old*	das Alter — *the age*

Fachwortschatz Geschichte		
antik *ancient*	**die Antike** — *the ancient times*	

Fachwortschatz Geschichte		
arm *poor*	**die Armut** — *the poverty*	

Fachwortschatz Geschichte		
		der Atlas die Atlanten *the atlas*

Fachwortschatz Geschichte		
ausdehnen dehne aus! *to expand*	**die Ausdehnung** die Ausdehnungen *the expansion*	

Fachwortschatz Geschichte		
bäuerlich *rural*	**der Bauer** die Bauern *the farmer*	

Fachwortschatz Geschichte		
bauen baue! *to build*	**das Bauwerk** die Bauwerke *the building*	

Fachwortschatz

Fachwortschatz Geschichte		
	beruflich	**der Beruf** die Berufe
	occupational	the occupation

Fachwortschatz Geschichte		
		die Bevölkerungszahl die Bevölkerungszahlen
		the population

Fachwortschatz Geschichte		
(sich) bilden bilde dich!		**die Bildung** –
to educate		the education

Fachwortschatz Geschichte		
	bürgerlich	**der Bürger** die Bürger
	civil	the citizen

Fachwortschatz Geschichte		
	dörflich	**das Dorf** die Dörfer
	rural	the village

Fachwortschatz Geschichte		
(sich) entwickeln entwickle dich!		**die Entwicklung** die Entwicklungen
to develop		the development

Fachwortschatz Geschichte		
erfinden erfinde!	erfinderisch	**die Erfindung** die Erfindungen
to invent	innovative	the invention

Fachwortschatz Geschichte		
erobern erobere!		**die Eroberung** die Eroberungen
to conquer		the conquest

Fachwortschatz Geschichte		
erziehen erziehe!	erzieherisch	**die Erziehung** –
to educate	educational	the education

Fachwortschatz Geschichte		
finden finde!		**der Fund** die Funde
to find		the finding

Fachwortschatz

Fachwortschatz Geschichte		
	friedlich	**der Frieden**
		die Frieden
	peaceful	*the peace*

Fachwortschatz Geschichte		
(an etwas) glauben		**der Glauben**
glaube!		–
to believe		*the belief*

Fachwortschatz Geschichte		
	göttlich	**der Gott**
		die Götter
	divine	*god*

Fachwortschatz Geschichte		
gründen		die Gründung
gründe!		die Gründungen
to found		*the founding*

Fachwortschatz Geschichte		
handeln		**der Handel**
handle!		–
to trade		*the trade*

Fachwortschatz Geschichte		
handeln		**der Händler**
handle!		die Händler
to trade		*the merchant*

 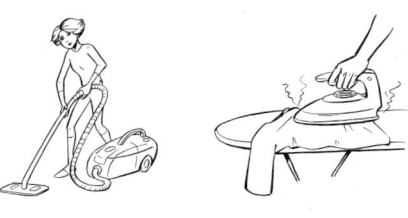

Fachwortschatz Geschichte		
	handwerklich	**der Handwerker**
		die Handwerker
	manual	*the craftsmen*

Fachwortschatz Geschichte		
		der Haushalt
		–
		the household

 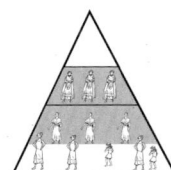 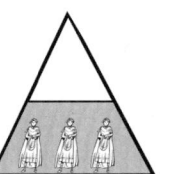

Fachwortschatz Geschichte		
herrschen	herrschaftlich	**die Herrschaft**
herrsche!		die Herrschaften
to reign	*grand*	*the reign*

Fachwortschatz Geschichte		
		die Herrschaftsform
		die Herrschaftsformen
		the form of rule

Fachwortschatz

Fachwortschatz Geschichte			Fachwortschatz Geschichte		
	das Herrschaftsgebiet die Herrschaftsgebiete *the dominion*			**heute** *today*	

Fachwortschatz Geschichte			Fachwortschatz Geschichte		
	hierarchisch *hierarchical*	**die Hierarchie** die Hierarchien *the hierarchy*	jagen jage! *to hunt*		**die Jagd** die Jagden *the hunt*

Fachwortschatz Geschichte			Fachwortschatz Geschichte		
	jährlich *annual*	**das Jahr** die Jahre *the year*			**die Karte** die Karten *the map*

Fachwortschatz Geschichte			Fachwortschatz Geschichte		
(sich) kleiden kleide dich! *to dress*		**die Kleidung** die Kleidungen *the clothes*	bekriegen bekriege! *to make war*	kriegerisch *belligerent*	**der Krieg** die Kriege *the war*

Fachwortschatz Geschichte			Fachwortschatz Geschichte		
		das Land die Länder *the country*		mächtig *powerful*	**die Macht** die Mächte *the power*

Fachwortschatz

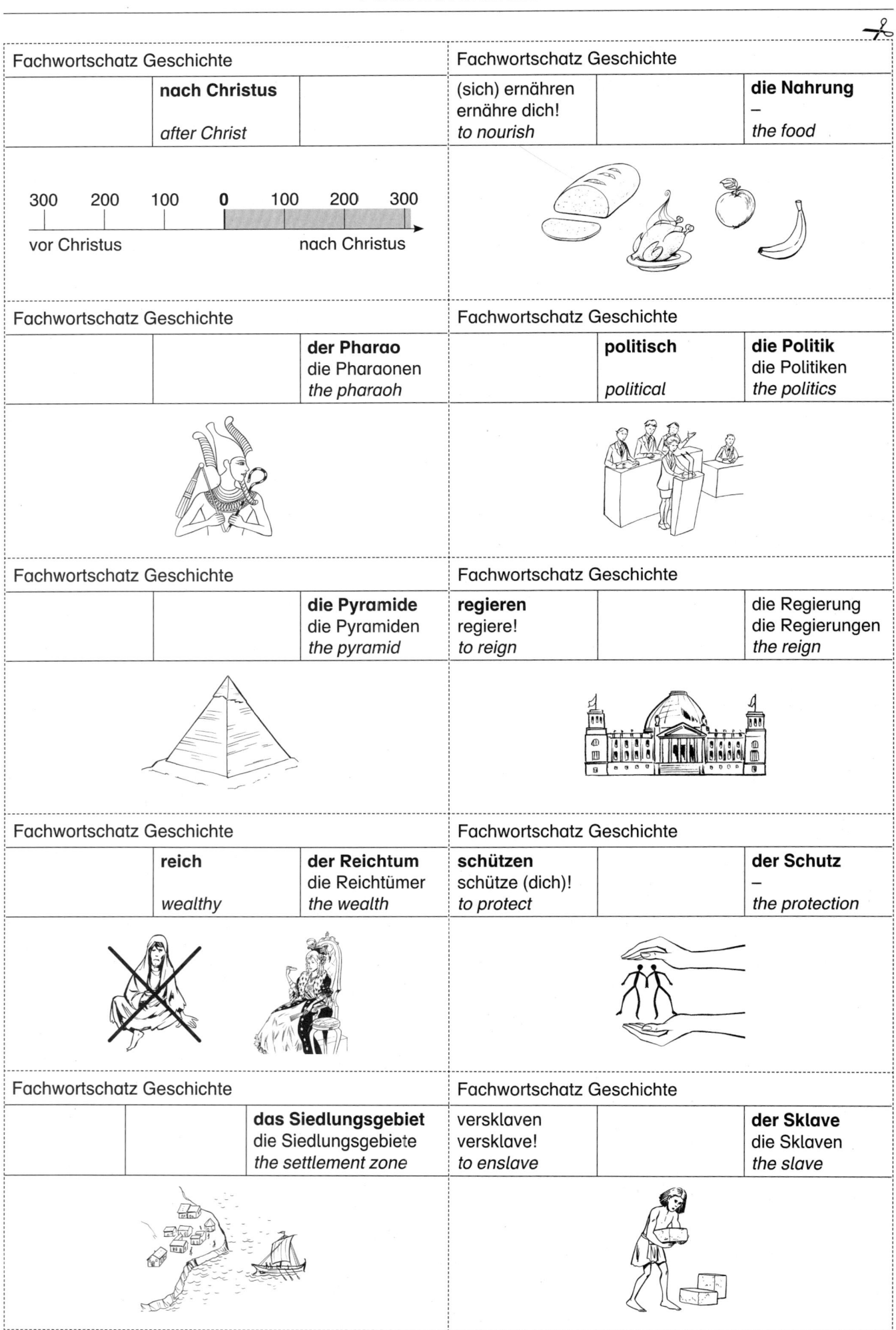

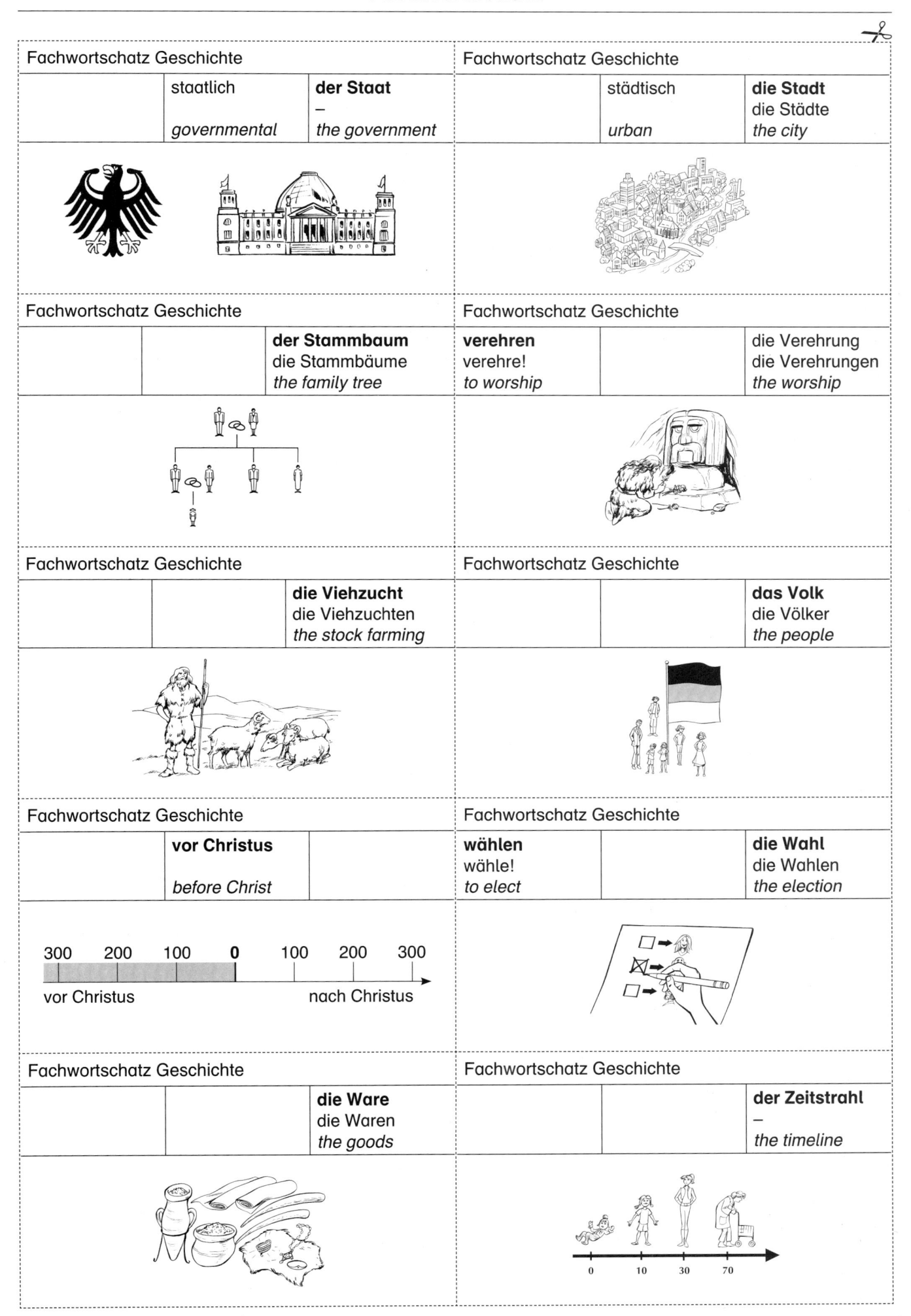

Fachwortschatz

Fachwortschatz Geschichte			Fachwortschatz Geschichte		
	staatlich	**der Staat** –		städtisch	**die Stadt** die Städte
	governmental	*the government*		*urban*	*the city*

Fachwortschatz Geschichte			Fachwortschatz Geschichte		
		der Stammbaum die Stammbäume	**verehren** verehre!		die Verehrung die Verehrungen
		the family tree	*to worship*		*the worship*

Fachwortschatz Geschichte			Fachwortschatz Geschichte		
		die Viehzucht die Viehzuchten			**das Volk** die Völker
		the stock farming			*the people*

Fachwortschatz Geschichte			Fachwortschatz Geschichte		
	vor Christus		**wählen** wähle!		**die Wahl** die Wahlen
	before Christ		*to elect*		*the election*

Fachwortschatz Geschichte			Fachwortschatz Geschichte		
		die Ware die Waren			**der Zeitstrahl** –
		the goods			*the timeline*

Themenwortschatz

Die Menschen entwickeln sich

Die Menschen entwickeln sich		
		der Faustkeil die Faustkeile *the fist wedge*

Die Menschen entwickeln sich		
	feurig *fiery*	**das Feuer** die Feuer *the fire*

Die Menschen entwickeln sich		
aushöhlen höhle aus! *to hollow*		**die Höhle** die Höhlen *the cave*

Die Menschen entwickeln sich		
	kräftig *powerful*	die Kraft die Kräfte *the power*

Die Menschen entwickeln sich		
nähen nähe! *to sew*		die Naht die Nähte *the seam*

Die Menschen entwickeln sich		
	steinig *stony*	**der Stein** die Steine *the stone*

Die Menschen entwickeln sich		
		die Wand die Wände *the wall*

Die Menschen entwickeln sich		
		das Werkzeug die Werkzeuge *the tools*

 Arbeitsblatt

Die Menschen entwickeln sich

Der 1. Mensch (= **Vormensch**) lebte in Afrika.
Dann entwickelte sich der **geschickte Mensch**. Er benutzte Werkzeug aus Stein.
Dann entwickelte sich der **aufrechte Mensch**. Er erfand (→ erfinden) den Faustkeil und nutzte das Feuer.
Dann entwickelte sich der **Neandertaler**. Er war kräftig und jagte.
Er nähte sich Kleidung.
Dann entwickelte sich der **moderne Mensch**. Er zeichnete Bilder an die Wände der Höhlen.

1. Wie entwickelte sich der Mensch? Bringe die Wörter in die richtige Reihenfolge.
Schreibe die Zahlen 1–5 in die Kästchen.

☐	der **aufrechte Mensch**
☐	der **Neandertaler**
1	der **Vormensch**
☐	der **geschickte Mensch**
☐	der **moderne Mensch**

2. Wie heißen die Menschen? Schreibe die Namen in die Kästchen.

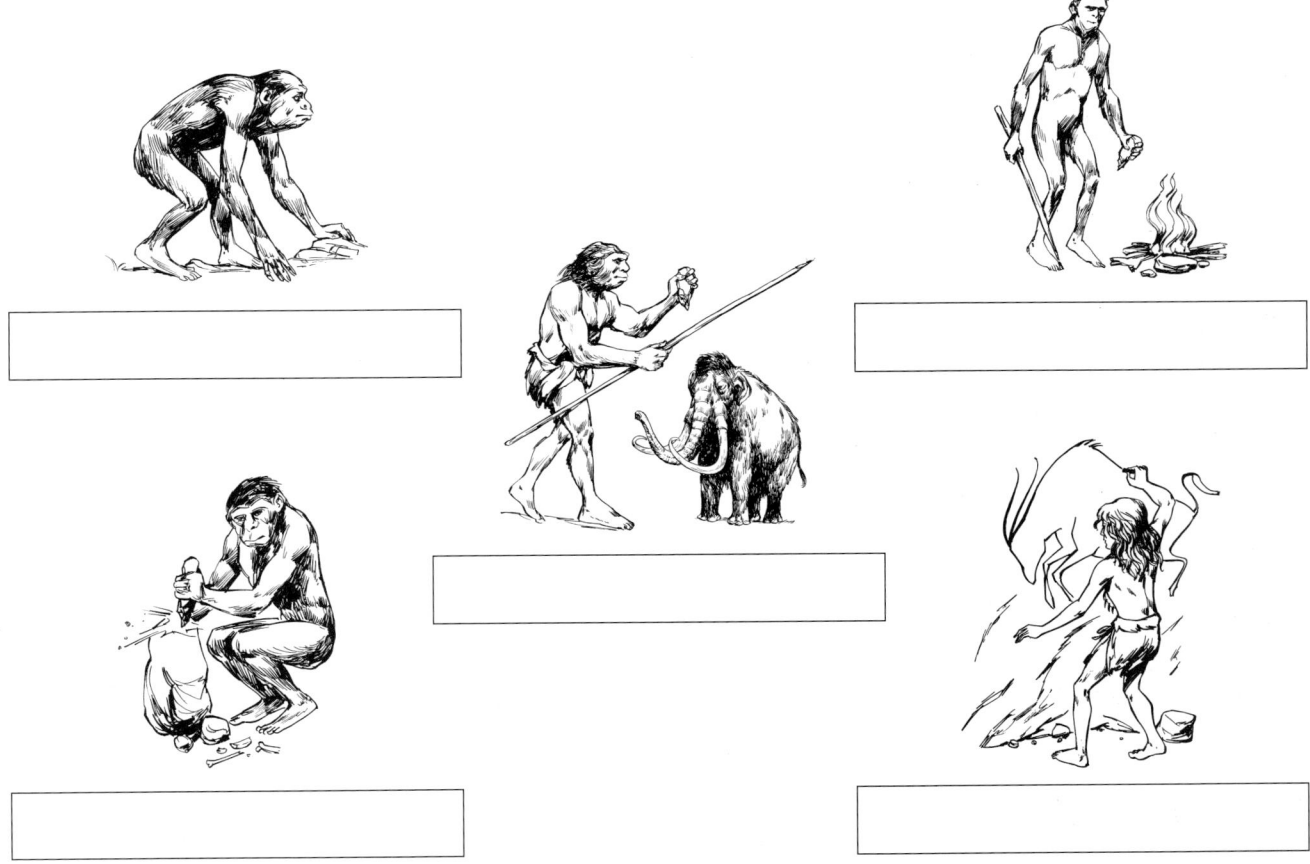

 **Arbeitsblatt**

Die Menschen entwickeln sich

Der erste Mensch, der **Vormensch**, lebte in **Afrika**.
Dann entwickelte sich der **geschickte Mensch**. Er benutzte Werkzeug aus Stein.
Er blieb (→ bleiben) in Afrika.
Der **aufrechte Mensch** erfand (→ erfinden) dann den Faustkeil und nutzte das Feuer.
Er lebte in **Asien**.
Dann entwickelte sich der **Neandertaler**. Er war kräftig, er jagte und er nähte sich Kleidung.
Er lebte in **Europa**.
Der **moderne Mensch** zeichnete Bilder an die Wände der Höhlen. Er lebte in Europa.

1. Wie entwickelte sich der Mensch? Beschrifte den Zeitstrahl. Schreibe in die Kästchen.

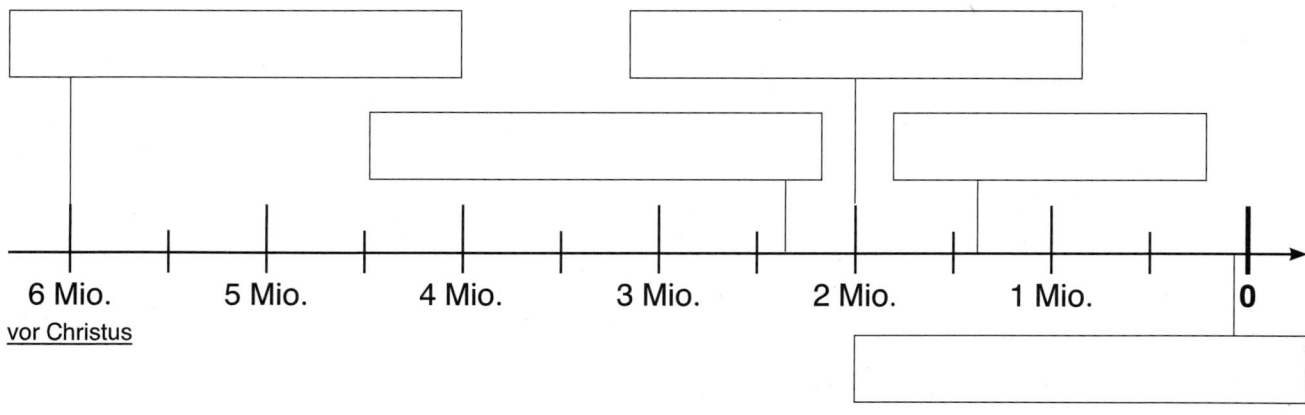

2. a) Suche im Atlas die Kontinente **Afrika**, **Asien** und **Europa**.

b) Male die Kontinente Afrika, Asien und Europa in der Karte an (→ anmalen):
Afrika: grün, Asien: gelb, Europa: blau

c) Wo lebten die Menschen? Ordne die Bilder mit Pfeilen (→) den Kontinenten Afrika, Asien und Europa zu (→ zuordnen).

 Lösung

Die Menschen entwickeln sich

1.

3	der **aufrechte Mensch**		2	der **geschickte Mensch**
4	der **Neandertaler**		5	der **moderne Mensch**
1	der **Vormensch**

2.

der **Vormensch**

der **Neandertaler**

der **aufrechte Mensch**

der **geschickte Mensch**

der **moderne Mensch**

1.

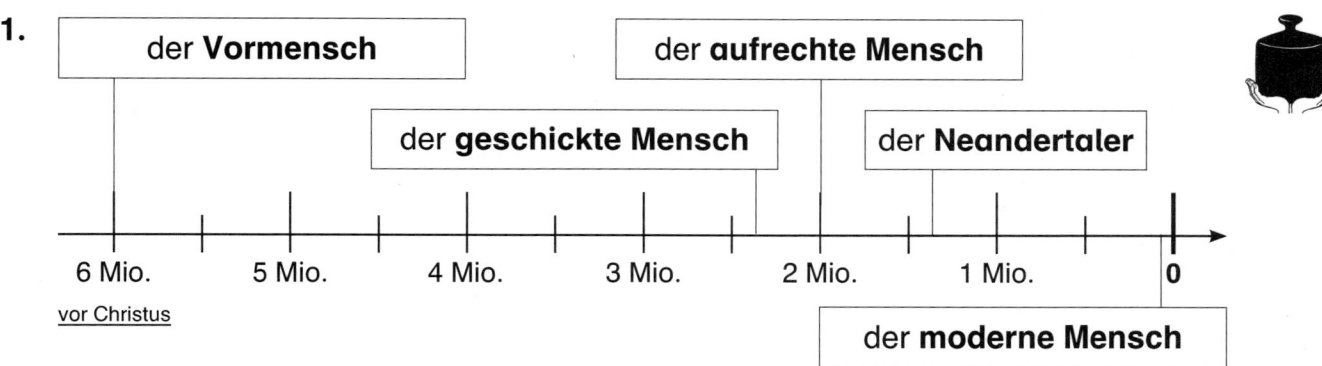

2. a), b) und c)

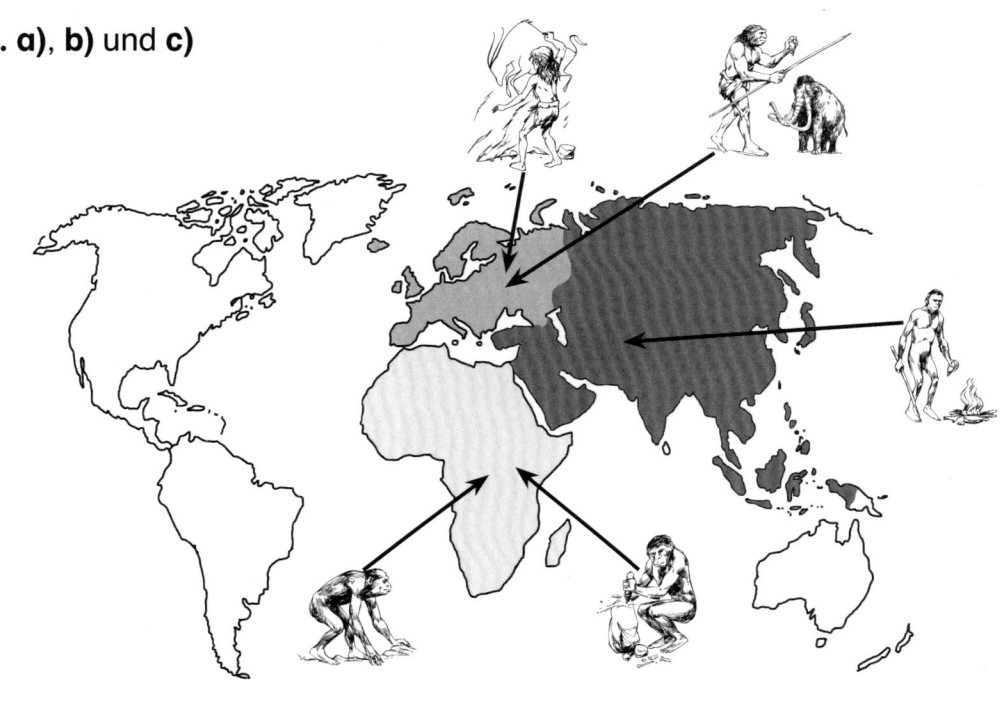

Themenwortschatz — Jäger und Sammler

Jäger und Sammler			
bewachen bewache! *to guard*		die Wache die Wachen *the guard*	

Jäger und Sammler			
	feurig *fiery*	**das Feuer** die Feuer *the fire*	

Jäger und Sammler			
herstellen stelle her! *to produce*		die Herstellung – *the production*	

Jäger und Sammler			
sammeln sammle! *to collect*		die Sammlung die Sammlungen *the collection*	

Jäger und Sammler			
	tierisch *animal*	**das Tier** die Tiere *the animal*	

Jäger und Sammler			
überleben überlebe! *to survive*		das Überleben – *the survival*	

Jäger und Sammler			
versorgen versorge! *to look after*		die Versorgung die Versorgungen *the care*	

Jäger und Sammler			
	bewaffnet *armed*	**die Waffe** die Waffen *the weapon*	

 Arbeitsblatt

Jäger und Sammler

In der **Steinzeit** gingen die Männer auf die Jagd. Sie jagten Tiere, um überleben zu können.

1. a) Verbinde die Tiere mit der richtigen Beschreibung.

  b) Schreibe in die Kästchen den Namen des Tieres.

Tier	**Beschreibung**
der Rüssel / die Stoßzähne	Das **Wollnashorn** hat 2 spitze **Hörner**.
das Geweih	Das **Wildschwein** hat 2 **Eckzähne**.
die Ohren	Der **Luchs** hat große **Ohren**.
die Hörner	Der **Hirsch** hat ein **Geweih**.
die Eckzähne	Das **Mammut** hat einen **Rüssel** und 2 **Stoßzähne**.

2. Welche Tiere jagten die Menschen in der **Steinzeit**? Kreuze an (→ ankreuzen).

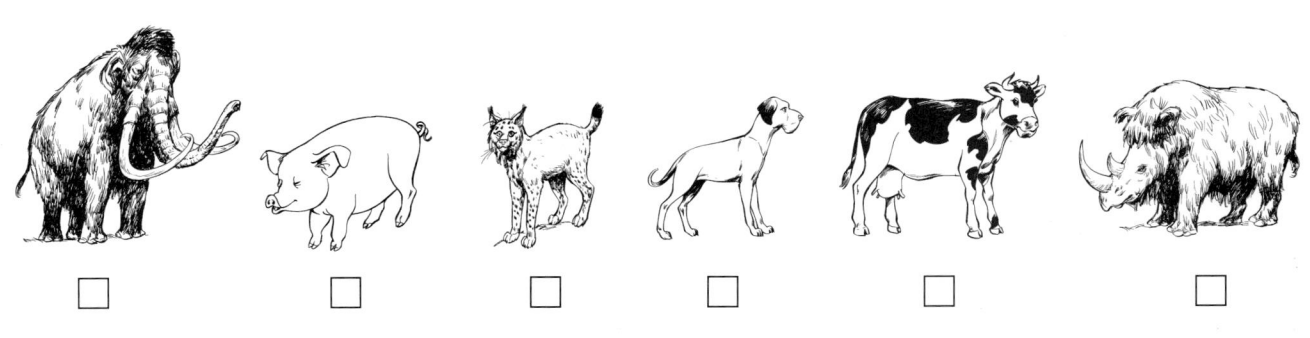

27

 Arbeitsblatt

Jäger und Sammler

In der **Steinzeit** gingen die Männer auf die Jagd. Sie jagten Tiere, um überleben zu können.

1. a) Ordne zu (→ zuordnen) und verbinde die Kästchen zu einem Satz.

b) Schreibe die Sätze in dein Heft.

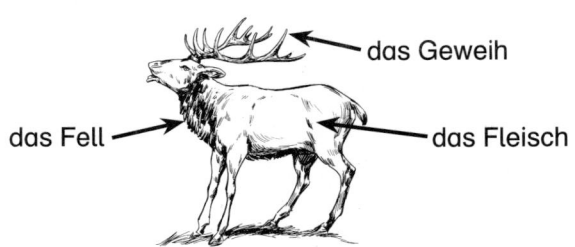

Das **Fleisch** der Tiere diente als	Kleidung her (→ herstellen).
Aus dem **Geweih** stellten sie	Nahrung.
Aus dem **Fell** stellten sie	Waffen her (→ herstellen).

2. Beschreibe mit den Wörtern, was du auf den Bildern siehst (→ sehen).

| bewacht – jagen – sammeln – versorgt |

die Beeren

das Mammut

_____

_____

_____

_____

Jäger und Sammler

 Lösung

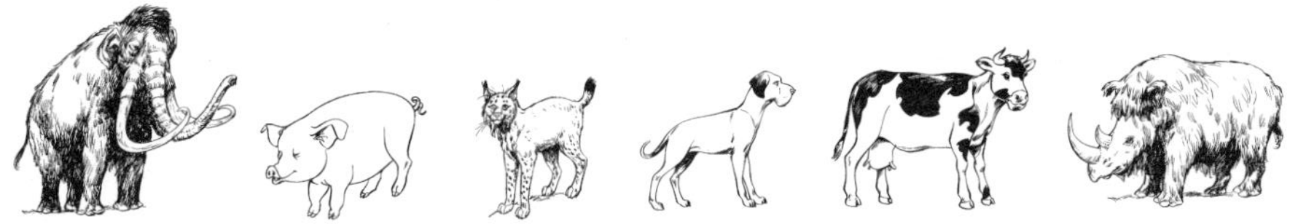

1. a) und b)

Das **Fleisch** der Tiere diente als → Nahrung.

Aus dem **Geweih** stellten sie → Kleidung her (→ herstellen).

Aus dem **Fell** stellten sie → Waffen her (→ herstellen).

2.

Die Männer <u>sammeln</u> **Beeren**.

Die Frau <u>bewacht</u> das <u>Feuer</u>.

Die Frau <u>versorgt</u> die Kinder.

Die Männer <u>jagen</u> ein **Mammut**.

die Beeren

das Mammut

---

1. a) und b)

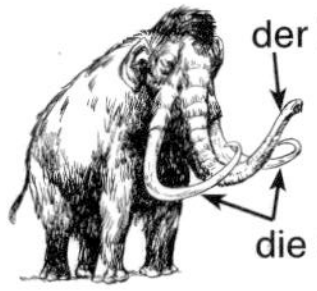

Tier	Beschreibung
das **Mammut**	Das **Wollnashorn** hat 2 spitze **Hörner**.
der **Hirsch**	Das **Wildschwein** hat 2 **Eckzähne**.
der **Luchs**	Der **Luchs** hat große **Ohren**.
das **Wollnashorn**	Der **Hirsch** hat ein **Geweih**.
das **Wildschwein**	Das **Mammut** hat einen **Rüssel** und 2 **Stoßzähne**.

der Rüssel, die Stoßzähne, das Geweih, die Ohren, die Hörner, die Eckzähne

2.

☒ ☐ ☐ ☒ ☐ ☒

Die Menschen werden sesshaft

Themenwortschatz

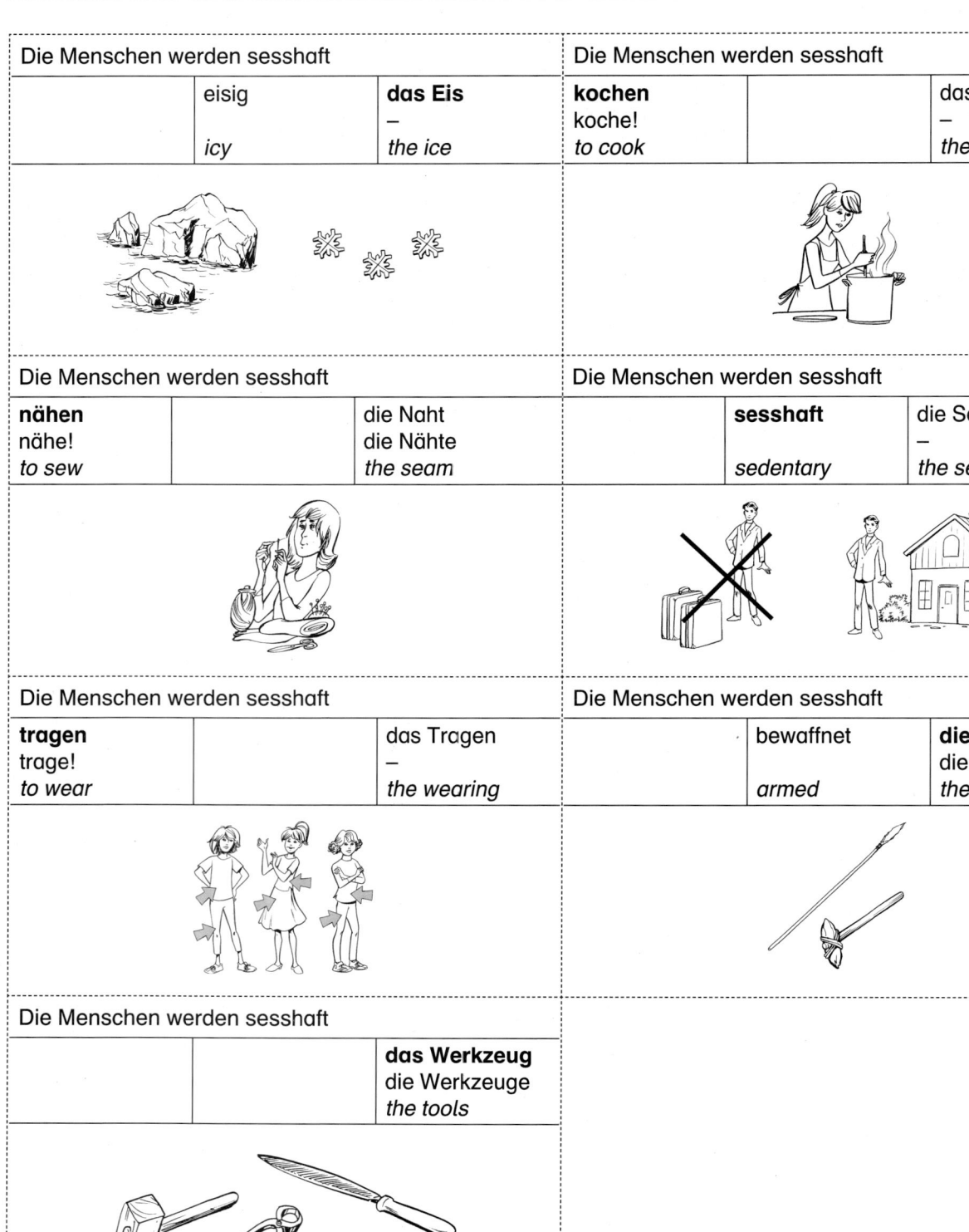

Die Menschen werden sesshaft			
	eisig	**das Eis**	
		–	
	icy	*the ice*	

Die Menschen werden sesshaft			
kochen		das Kochen	
koche!		–	
to cook		*the cooking*	

Die Menschen werden sesshaft			
nähen		die Naht	
nähe!		die Nähte	
to sew		*the seam*	

Die Menschen werden sesshaft			
sesshaft		die Sesshaftigkeit	
		–	
sedentary		*the sedentariness*	

Die Menschen werden sesshaft			
tragen		das Tragen	
trage!		–	
to wear		*the wearing*	

Die Menschen werden sesshaft			
	bewaffnet	**die Waffe**	
		die Waffen	
	armed	*the weapon*	

Die Menschen werden sesshaft			
		das Werkzeug	
		die Werkzeuge	
		the tools	

 **Arbeitsblatt** **Die Menschen werden sesshaft**

Ötzi lebte ungefähr 3000 vor Christus. Er wurde im Jahr 1991 gefunden (→ finden). Er wurde in den **Ötztaler Alpen** gefunden (→ finden). Ötzi lag etwa 5000 Jahre im Eis.

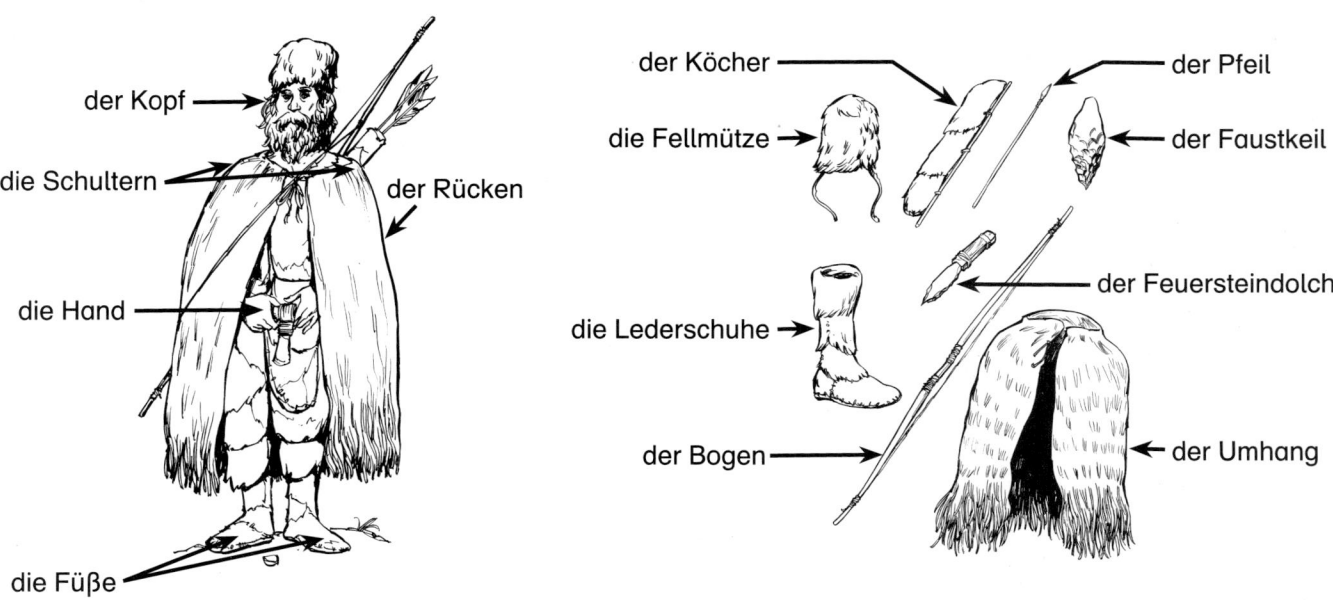

1. Schreibe die richtigen Wörter in die Kästchen.

Ötzi trug (→ tragen) auf dem **Kopf** eine ▭ .

Um seine **Schultern** trug (→ tragen) er einen ▭ .

An seinen **Füßen** trug (→ tragen) er ▭ .

Die Kleidung schützte Ötzi vor Kälte (❄).

In seinem **Köcher** auf dem **Rücken** waren ▭ und ▭ .

Als Werkzeug und Waffe hatte Ötzi einen ▭ und einen

▭ .

2. Suche im Atlas die **Ötztaler Alpen**.
Markiere die Ötztaler Alpen in der Karte.

31

Arbeitsblatt — Die Menschen werden sesshaft

Ötzi lebte um 3000 vor Christus (= **Jungsteinzeit**).
Die Menschen wurden sesshaft und gründeten Dörfer. Die Menschen gingen jetzt weniger
(🎲→🌙) auf die Jagd. Sie lebten jetzt von Ackerbau und Viehzucht.
Durch den Ackerbau hatten viele (🎲) Menschen Nahrung. Die Bevölkerungszahl stieg an
(→ ansteigen ↗).

1. a) Ordne die Wörter den richtigen Bildern zu (→ zuordnen). Schreibe die Wörter unter (↓) die Bilder.

b) Wie entwickelte sich die Bevölkerungszahl? Bringe die Bilder in die richtige Reihenfolge. Schreibe die Zahlen 1–3 in die Kästchen.

die Viehzucht – die Jagd – der Ackerbau

2. Ordne die Erfindungen der **Jungsteinzeit** richtig zu (→ zuordnen). Verbinde.

das Webbrett   der Hakenpflug   der Brennofen   das Rad

| der Ackerbau | Kleidung nähen | der Ackerbau | Nahrung kochen |

3. Kreuze das Richtige an (→ ankreuzen).

☐ Die Menschen der **Jungsteinzeit** lebten in Dörfern.
☐ Die Menschen der Jungsteinzeit jagten.
☐ Die Menschen der Jungsteinzeit webten Kleidung.
☐ Die Menschen der Jungsteinzeit lebten von Viehzucht.
☐ Durch die Viehzucht und den Ackerbau hatten die Menschen der Jungsteinzeit Nahrung.
☐ Die Menschen der Jungsteinzeit kochten ihre Nahrung.

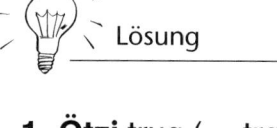 Lösung

Die Menschen werden sesshaft

1. **Ötzi** trug (→ tragen) auf dem **Kopf** eine **Fellmütze** .

Um seine **Schultern** trug (→ tragen) er einen **Umhang** .

An seinen **Füßen** trug (→ tragen) er **Lederschuhe** .

Die Kleidung schützte Ötzi vor Kälte (❄).

In seinem **Köcher** auf dem **Rücken** waren **Pfeil** und **Bogen** .

Als Werkzeug und Waffe hatte Ötzi einen **Feuersteindolch** und einen **Faustkeil** .

2.

---

1. a) und b)

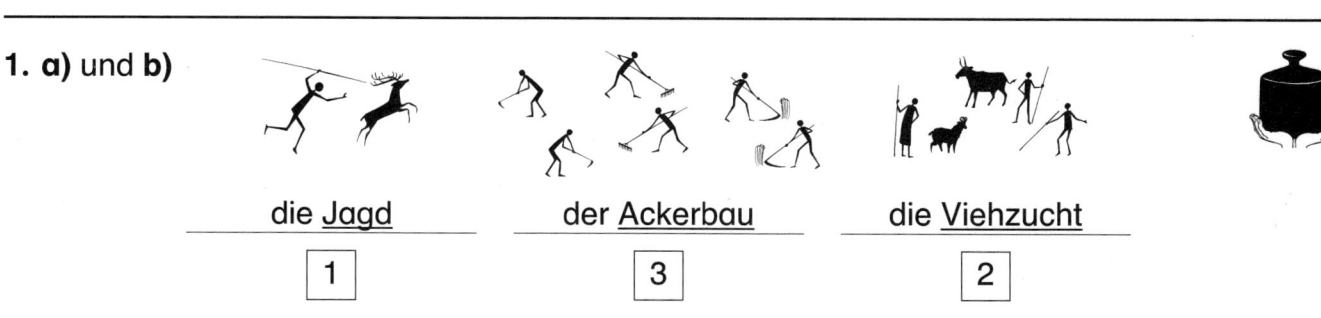

die Jagd — 1
der Ackerbau — 3
die Viehzucht — 2

2. das Webbrett, der Hakenpflug, der Brennofen, das Rad

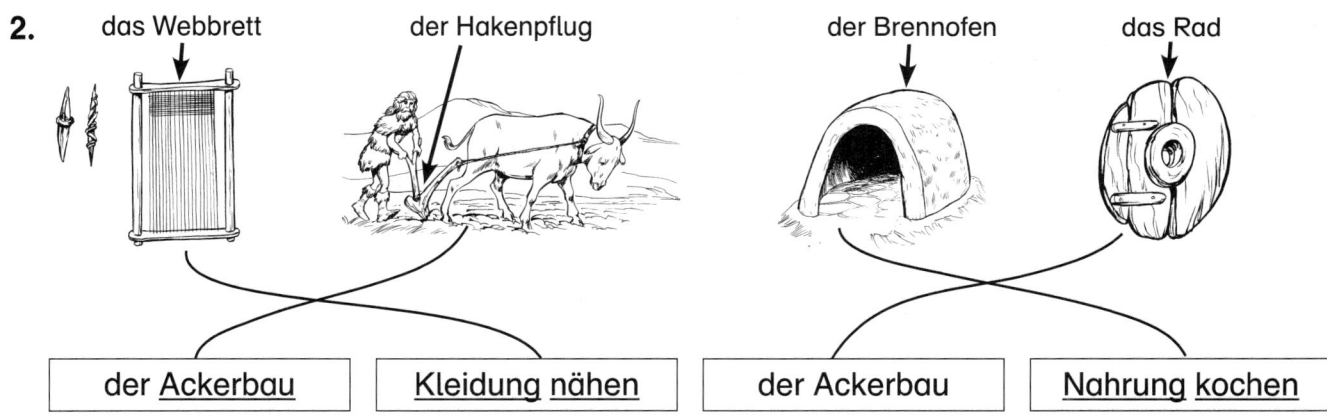

der Ackerbau — Kleidung nähen — der Ackerbau — Nahrung kochen

3. ☒ Die Menschen der **Jungsteinzeit** lebten in Dörfern.
☐ Die Menschen der Jungsteinzeit jagten.
☒ Die Menschen der Jungsteinzeit webten Kleidung.
☒ Die Menschen der Jungsteinzeit lebten von Viehzucht.
☒ Durch die Viehzucht und den Ackerbau hatten die Menschen der Jungsteinzeit Nahrung.
☒ Die Menschen der Jungsteinzeit kochten ihre Nahrung.

Themenwortschatz

Das Leben am Fluss – der Nil

Das Leben am Fluss – der Nil			Das Leben am Fluss – der Nil		
aussäen säe aus! *to sow*		**die Aussaat** die Aussaaten *the sowing*	ernten ernte! *to harvest*		**die Ernte** die Ernten *the harvest*

Das Leben am Fluss – der Nil			Das Leben am Fluss – der Nil		
		das Feld die Felder *the field*	fließen fließe! *to flow*		**der Fluss** die Flüsse *the river*

Das Leben am Fluss – der Nil			Das Leben am Fluss – der Nil		
	fruchtbar *fertile*	die Fruchtbarkeit – *the fertility*		jahreszeitlich *seasonal*	**die Jahreszeit** die Jahreszeiten *the season*

Das Leben am Fluss – der Nil			Das Leben am Fluss – der Nil		
kanalisieren kanalisiere! *to channel*		**der Kanal** die Kanäle *the channel*	**regnen** – *to rain*	regnerisch *rainy*	der Regen – *the rain*

Das Leben am Fluss – der Nil			Das Leben am Fluss – der Nil		
überschwemmen – *to flood*		die Überschwemmung die Überschwemmungen *the flood*			**die Wüste** die Wüsten *the desert*

Arbeitsblatt

Das Leben am Fluss – der Nil

Ägypten besteht zu 95 % aus Wüste.
Der Fluss **Nil** fließt durch Ägypten.
Er macht die Wüste fruchtbar.
Der Nil fließt von **Süden** nach **Norden**.
Die Menschen bauten Dörfer am Nil.
Sie lebten von Ackerbau und Viehzucht.

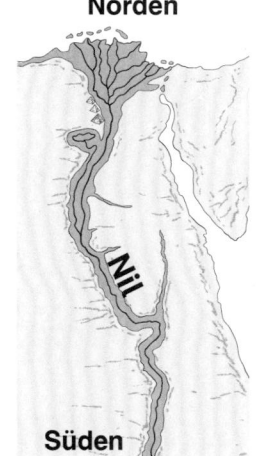

1. Beschrifte das Bild. Schreibe in die Kästchen.

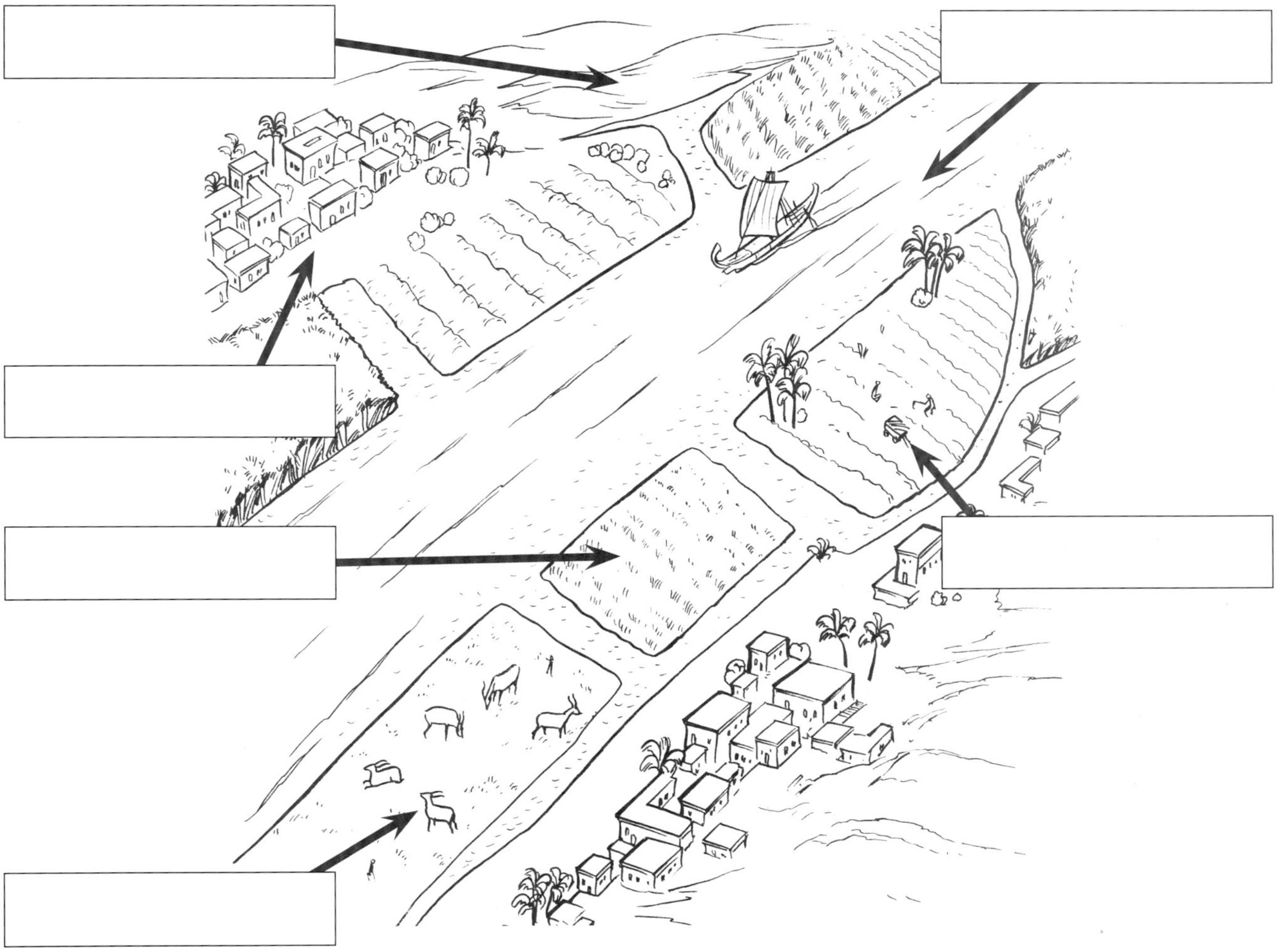

2. a) Ordne zu (→ zuordnen). Verbinde die Kästchen zu einem Satz.

b) Schreibe die Sätze in dein Heft.

Der Fluss **Nil** macht	von **Süden** nach **Norden**.
Der Nil fließt	von Ackerbau und Viehzucht.
Die Menschen am Nil lebten	die Wüste fruchtbar.

35

 Arbeitsblatt

Das Leben am Fluss – der Nil

1. Schreibe die richtigen Wörter in die Kästchen.

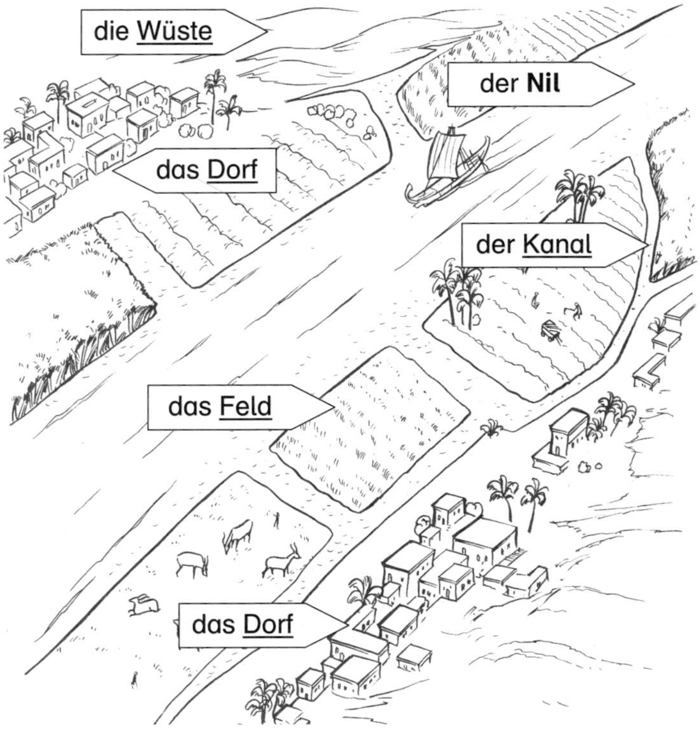

   Der **Nil** fließt durch die ☐ .

   Der Nil macht die Wüste fruchtbar.

   Der Nil fließt durch einen ☐ zu den Feldern.

   So haben die ☐

   Wasser ().

   Die Menschen bauten ☐

   am Nil. Die Dörfer waren höher (→ hoch)

   und hinter (↗) den ☐ .

   Die Menschen lebten von Ackerbau und Viehzucht.

   Bildbeschriftungen: die Wüste, der Nil, das Dorf, der Kanal, das Feld, das Dorf

2. Schreibe die richtigen Jahreszeiten in die Kästchen unter (↓) den Bildern.

   Die Menschen am **Nil** lebten nach den Jahreszeiten.

   Im **Sommer** regnete es. Das Land überschwemmte.

   Im **Winter**  war die Aussaat.

   Von **Frühling**  bis **Sommer** war die Ernte.

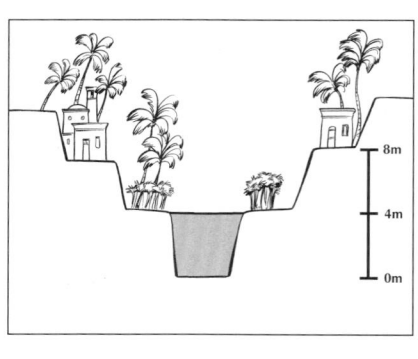 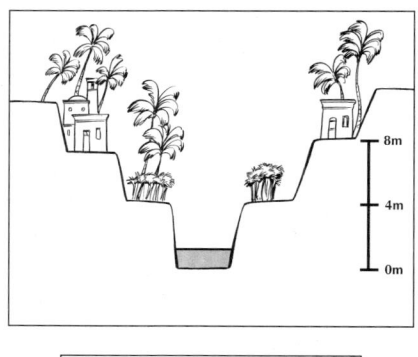 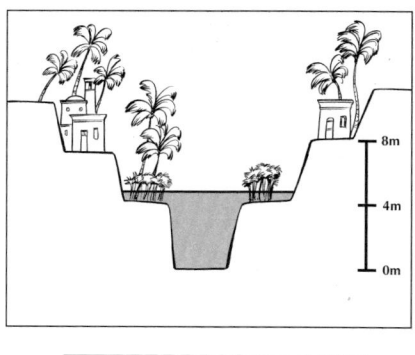

Lösung

Das Leben am Fluss – der Nil

1. Der **Nil** fließt durch die Wüste.

   Der Nil macht die Wüste fruchtbar.

   Der Nil fließt durch einen Kanal zu den Feldern.

   So haben die Felder Wasser.

   Die Menschen bauten Dörfer am Nil.

   Die Dörfer waren höher (→ hoch) und hinter (↗) den Feldern.

   Die Menschen lebten von Ackerbau und Viehzucht.

2.

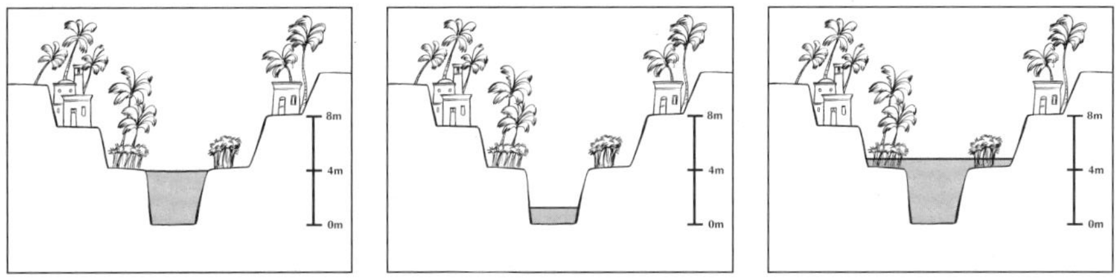

   Winter — Frühling — Sommer

1.

   die Wüste — das Dorf — das Feld — die Viehzucht — der Ackerbau — der Nil

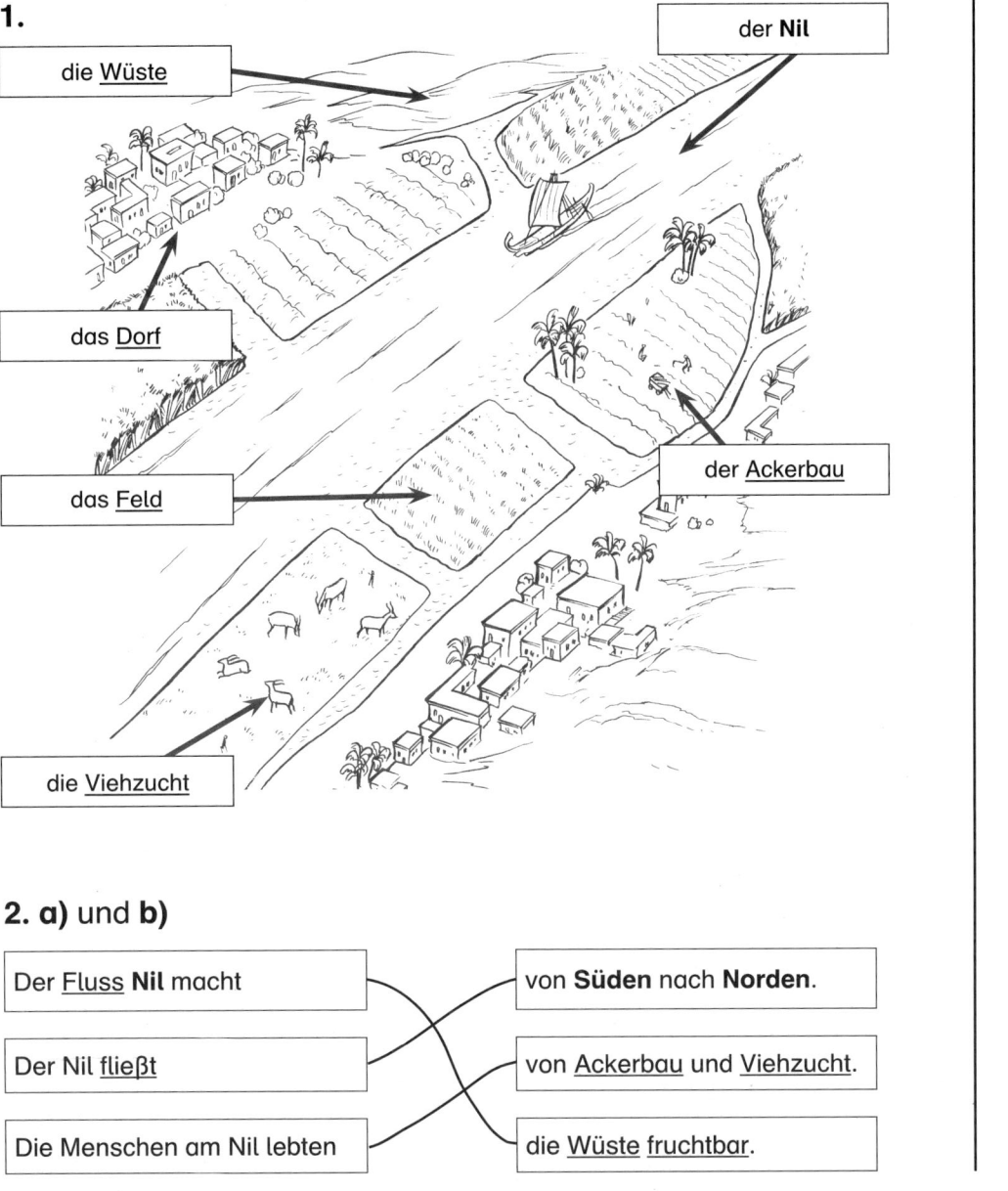

2. **a) und b)**

   Der Fluss **Nil** macht —— die Wüste fruchtbar.

   Der Nil fließt —— von **Süden** nach **Norden**.

   Die Menschen am Nil lebten —— von Ackerbau und Viehzucht.

Themenwortschatz

Die Gesellschaft im alten Ägypten

Die Gesellschaft im alten Ägypten			
dienen diene! *to serve*		**der Diener** die Diener *the servant*	

Die Gesellschaft im alten Ägypten			
	häuslich *domestic*	**das Haus** die Häuser *the house*	

Die Gesellschaft im alten Ägypten			
		das Herrschaftszeichen die Herrschaftszeichen *the insignia*	

Die Gesellschaft im alten Ägypten			
schreiben schreibe! *to write*		**der Schreiber** die Schreiber *the writer*	

Die Gesellschaft im alten Ägypten			
		der Sohn die Söhne *the son*	

Die Gesellschaft im alten Ägypten			
		die Spitze die Spitzen *the top*	

Die Gesellschaft im alten Ägypten			
		der Wesir die Wesire *the vizier*	

Die Gesellschaft im alten Ägypten			
		das Zeichen die Zeichen *the sign*	

Arbeitsblatt — **Die Gesellschaft im alten Ägypten**

Im alten Ägypten gab es eine Hierarchie. Der Pharao war an der Spitze.
Der Wesir diente dem Pharao.
Unter (↓) dem Wesir waren die Schreiber.
Unter (↓) den Schreibern waren die Handwerker und Händler.
Die Handwerker und Händler waren über (↑) den Bauern.
Ganz unten (↓) waren die Sklaven. Sie waren keine Ägypter. Sie waren Diener.

1. a) Beschreibe die Hierarchie in **Ägypten**. Schreibe die Wörter in die Pyramide.

b) Schneide die Bilder aus (→ ausschneiden) und klebe sie richtig in die Pyramide.

---

der Pharao – die Sklaven – die Handwerker – der Wesir – die Händler
der Schreiber – die Bauern

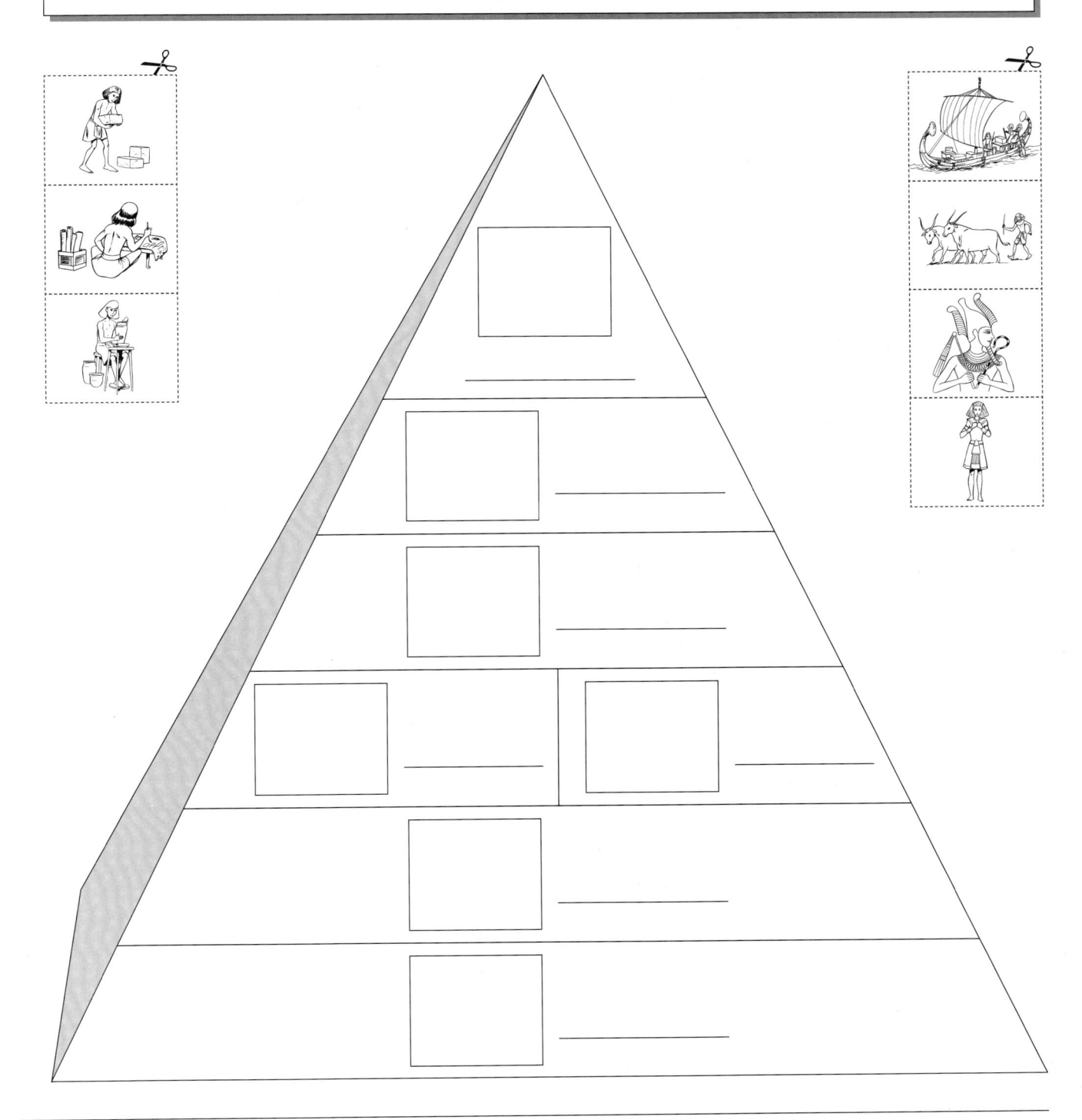

Die Gesellschaft im alten Ägypten

Im alten Ägypten stand der Pharao an der Spitze.
Die Menschen verehrten ihn als Sohn der Götter.
Pharao heißt großes (☒ ☐) Haus.
Es gab ungefähr 300 Pharaonen.
Der Pharao **Tutanchamun** lebte um 1330 vor Christus.
Der Pharao trug Herrschaftszeichen. Diese waren Zeichen seiner Macht.

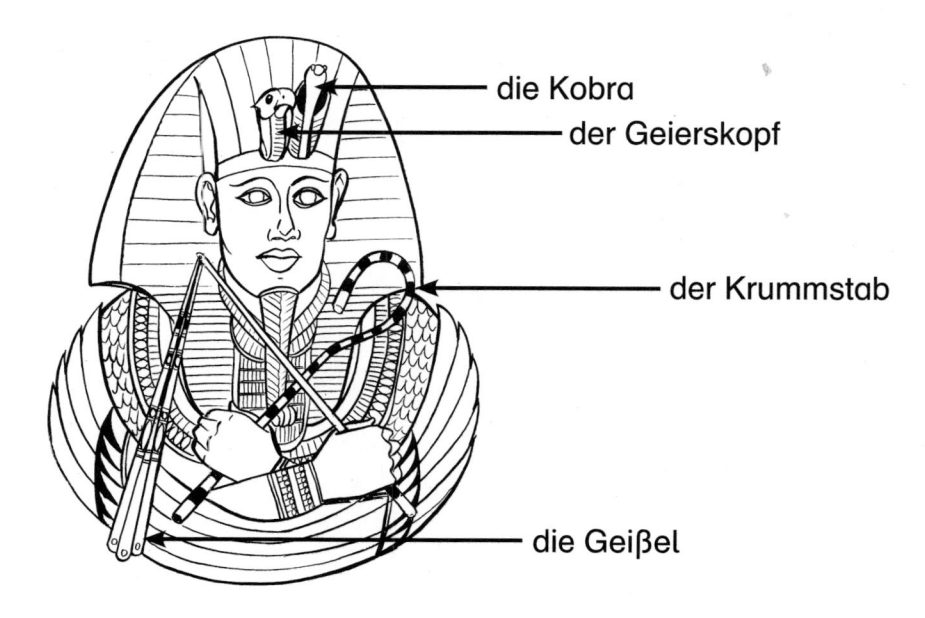

- die Kobra
- der Geierskopf
- der Krummstab
- die Geißel

1. Schreibe die richtigen Wörter in die Kästchen.

Der _____ stand im alten Ägypten an der Spitze.

Er wurde als Sohn der _____ verehrt.

Pharao heißt großes _____ .

Der Pharao **Tutanchamun** lebte um 1330 _____ .

2. Markiere die Herrschaftszeichen eines Pharaos.

Lösung

Die Gesellschaft im alten Ägypten

1. a) und b)

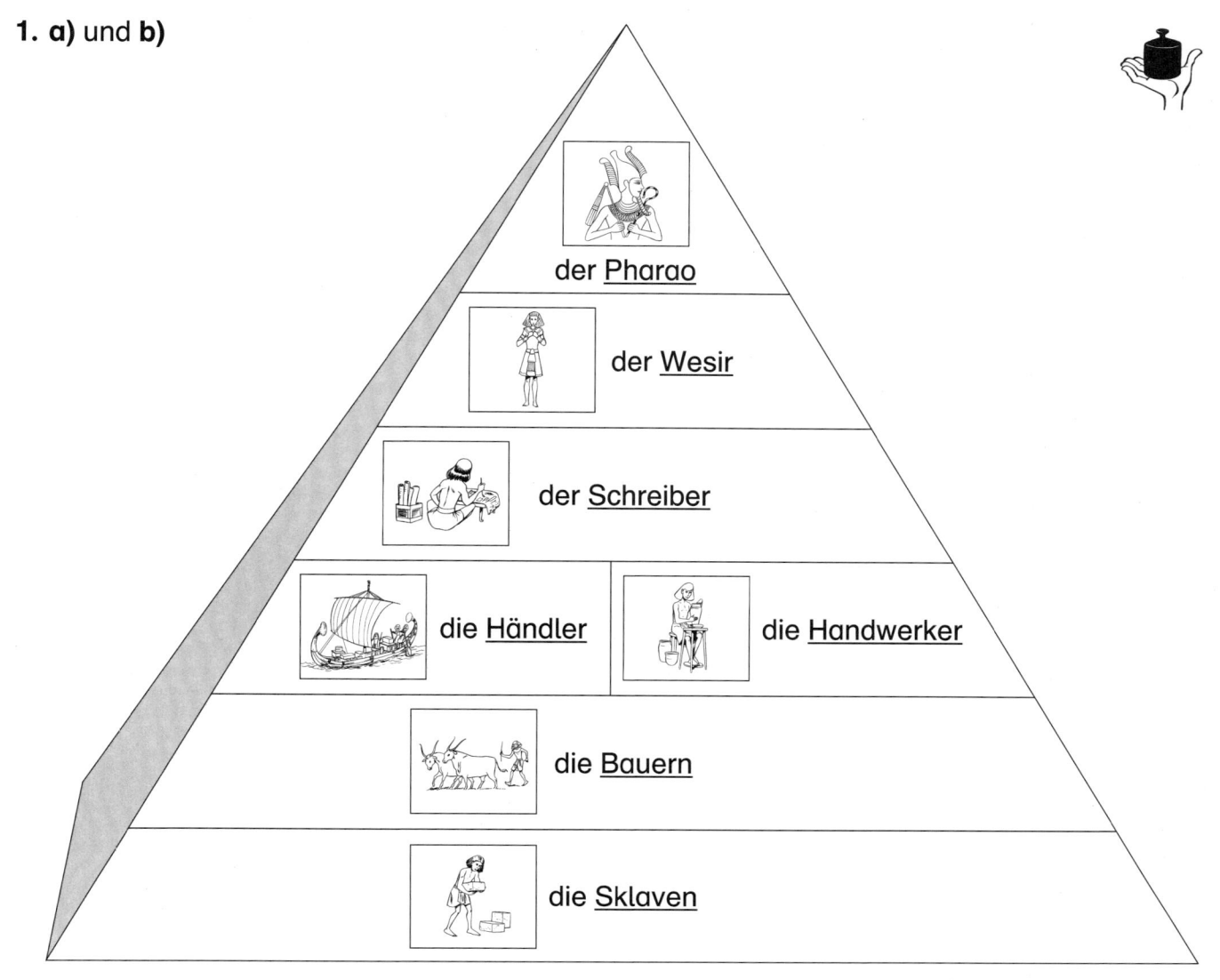

- der **Pharao**
- der **Wesir**
- der **Schreiber**
- die **Händler** — die **Handwerker**
- die **Bauern**
- die **Sklaven**

---

1. Der [**Pharao**] stand im <u>alten</u> **Ägypten** an der <u>Spitze</u>.

Er wurde als <u>Sohn</u> der [**Götter**] <u>verehrt</u>.

Pharao heißt großes [**Haus**].

Der Pharao **Tutanchamun** lebte um 1330 [**vor Christus**].

2.

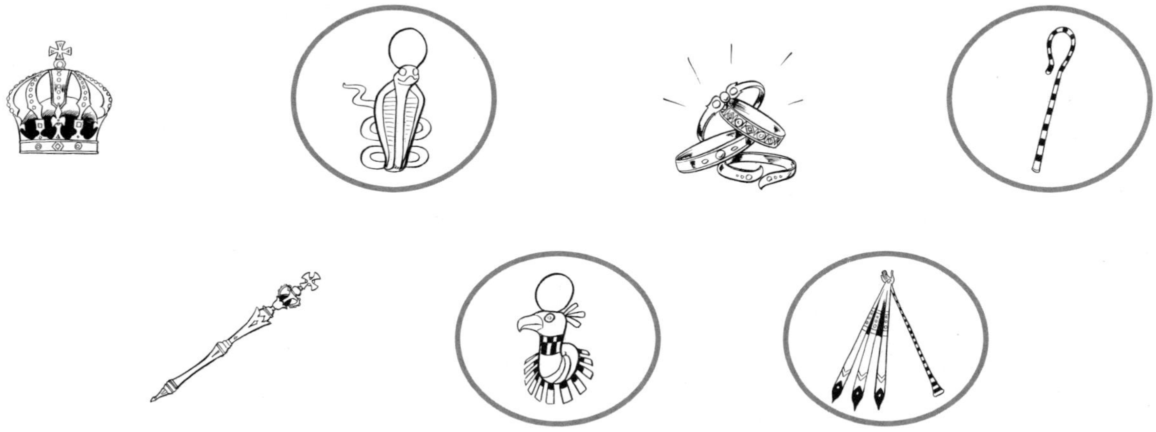

Themenwortschatz

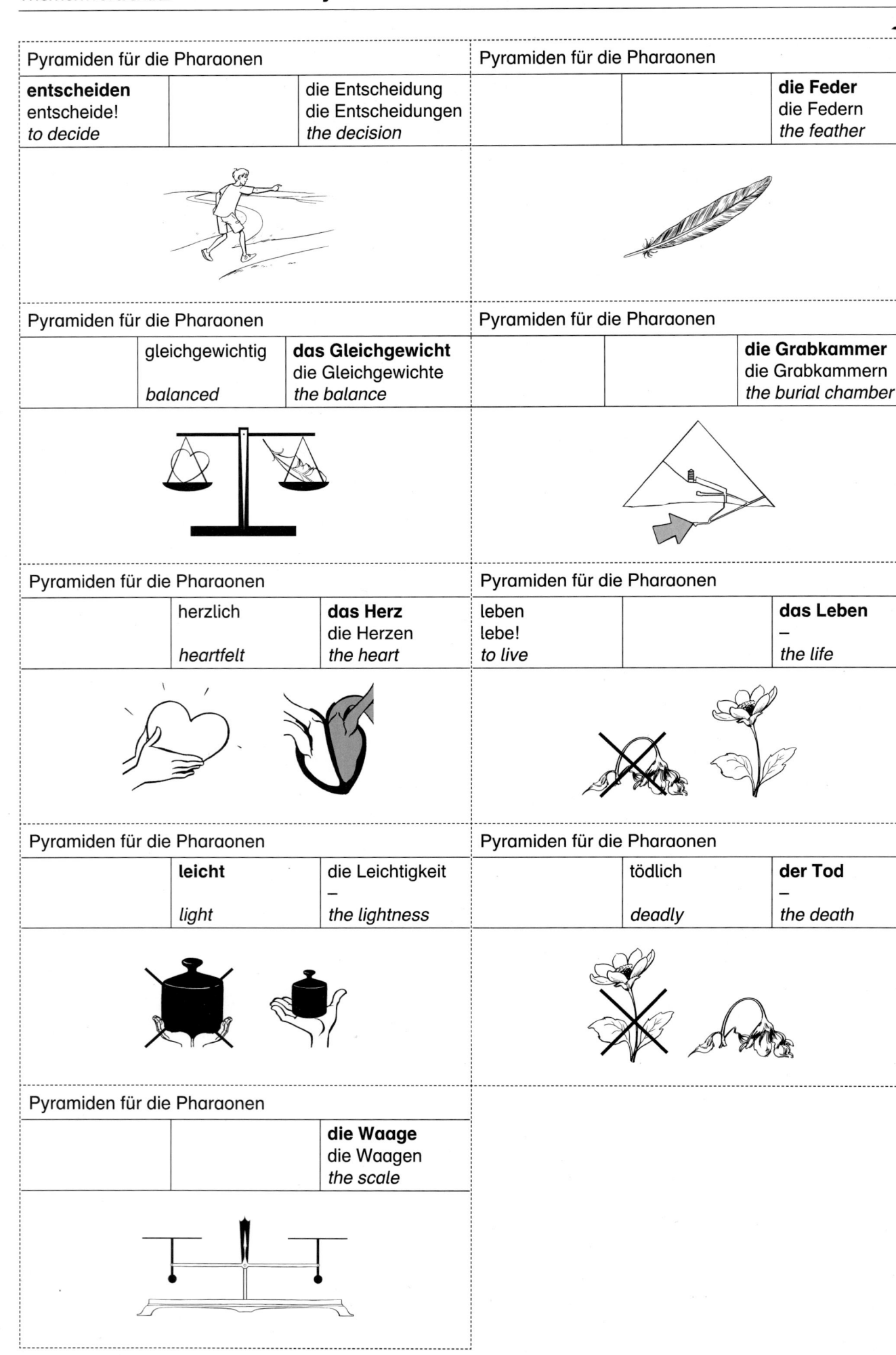

Pyramiden für die Pharaonen

Pyramiden für die Pharaonen			Pyramiden für die Pharaonen		
entscheiden entscheide! *to decide*		die Entscheidung die Entscheidungen *the decision*			**die Feder** die Federn *the feather*

Pyramiden für die Pharaonen			Pyramiden für die Pharaonen		
	gleichgewichtig *balanced*	**das Gleichgewicht** die Gleichgewichte *the balance*			**die Grabkammer** die Grabkammern *the burial chamber*

Pyramiden für die Pharaonen			Pyramiden für die Pharaonen		
	herzlich *heartfelt*	**das Herz** die Herzen *the heart*	leben lebe! *to live*		**das Leben** – *the life*

Pyramiden für die Pharaonen			Pyramiden für die Pharaonen		
	leicht *light*	die Leichtigkeit – *the lightness*		tödlich *deadly*	**der Tod** – *the death*

Pyramiden für die Pharaonen		
		die Waage die Waagen *the scale*

Arbeitsblatt — Pyramiden für die Pharaonen

Die alten **Ägypter** verehrten die Pharaonen wie Götter.
Sie glaubten an ein Leben nach (→) dem Tod.
Deshalb bauten sie für die Pharaonen große (☒ ☐) Grabkammern: die Pyramiden.

1. Suche im Atlas die Pyramiden von **Gizeh**.
Markiere die Pyramiden von Gizeh in der Karte.

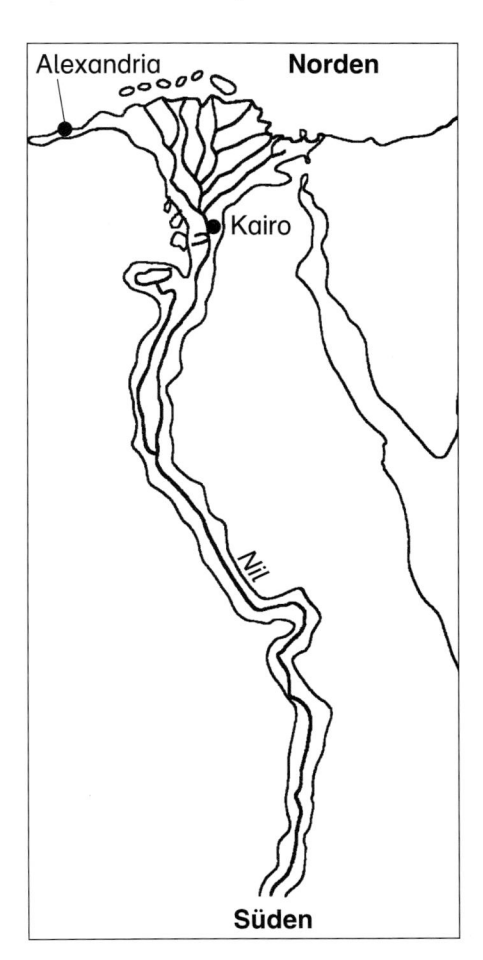

2. Schreibe die richtigen Wörter in die Kästchen.

Die alten **Ägypter** bauten für die Pharaonen große ☐☐☐☐☐, weil sie an

ein Leben nach (→) dem Tod glaubten. Sie verehrten die Pharaonen wie ☐☐☐☐☐.

3. Hier siehst (→ sehen) du, wie eine Pyramide gebaut (→ bauen) wurde.
Bringe die Bilder in die richtige Reihenfolge. Schreibe die Zahlen 1–4 in die Kästchen.

Arbeitsblatt — Pyramiden für die Pharaonen

Die alten Ägypter glaubten an ein Leben nach (→) dem Tod.

1. Beschreibe das Bild in deiner Sprache. Schreibe in dein Heft.

Das Totengericht

1   2   3

Hunefer

2. Das Bild zeigt **Hunefer** vor dem **Totengericht**. Das Totengericht entschied über das Leben nach (→) dem Tod.

   a) Betrachte das Bild. Ordne die Sätze dem Bild zu (→ zuordnen).
      Schreibe die Zahlen 1–3 in die Kästchen.

      ☐ Die Götter überprüfen, ob Hunefer in das **Totenreich** darf.

      ☐ Hunefer kommt vor das Totengericht.

      ☐ Hunefers Herz und eine Feder liegen auf einer Waage. Wenn die Waage im Gleichgewicht ist oder das Herz leichter ist, darf Hunefer in das Totenreich.

   b) Wann darf Hunefer in das Totenreich? Kreuze an (→ ankreuzen).

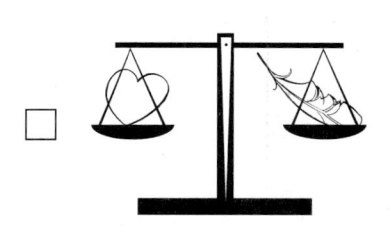

Lösung

Pyramiden für die Pharaonen

1. Lösung individuell

2. a)
   - [3] Die Götter überprüfen, ob Hunefer in das **Totenreich** darf.
   - [1] Hunefer kommt vor das Totengericht.
   - [2] Hunefers Herz und eine Feder liegen auf einer Waage. Wenn die Waage im Gleichgewicht ist oder das Herz leichter ist, darf Hunefer in das Totenreich.

   b) [x] □ [x]

1. (Karte: Alexandria, Kairo, Nil, Norden, Süden)

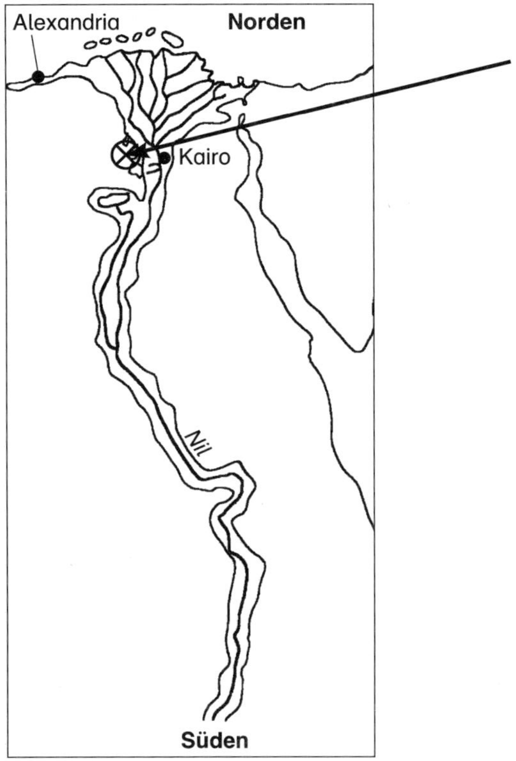

2. Die alten Ägypter bauten für die Pharaonen große Grabkammern, weil sie an ein Leben nach (→) dem Tod glaubten. Sie verehrten die Pharaonen wie Götter.

3. [3] [1] [4] [2]

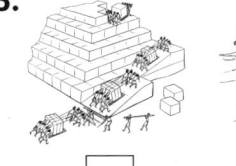

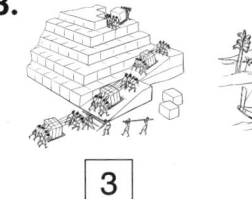

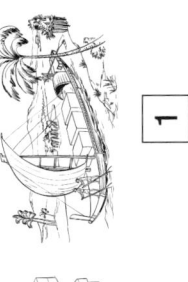

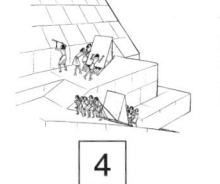

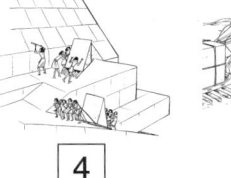

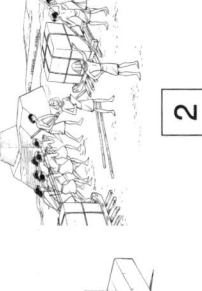

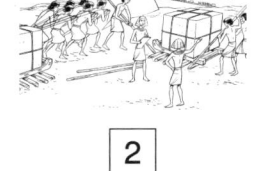

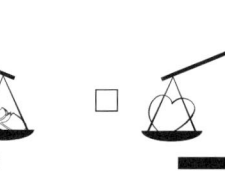

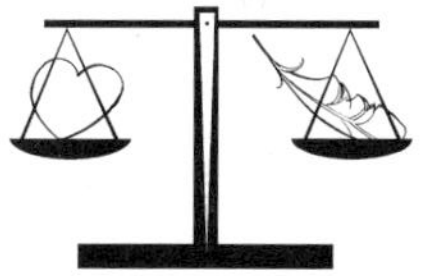

Themenwortschatz

Eine Schrift entsteht

Eine Schrift entsteht		
herstellen stelle her! *to produce*		die Herstellung – *the production*

Eine Schrift entsteht		
	namentlich *namely*	**der Name** die Namen *the name*

Eine Schrift entsteht		
		das Papier – *the paper*

Eine Schrift entsteht		
pflanzen pflanze! *to plant*	pflanzlich *herbal*	**die Pflanze** die Pflanzen *the plant*

Eine Schrift entsteht		
schreiben schreibe! *to write*		**der Schreiber** die Schreiber *the writer*

Eine Schrift entsteht		
	schriftlich *written*	**die Schrift** die Schriften *the writing*

γραμματοσειρά

الخط

Schrift

Eine Schrift entsteht		
		der Streifen die Streifen *the stripes*

46

Arbeitsblatt — **Eine Schrift entsteht**

Die alten Ägypter hatten eine eigene Schrift.
Buchstaben und Zahlen wurden als Bilder gezeichnet (→ zeichnen).
Diese Bilder heißen **Hieroglyphen**. Es gab auch einen eigenen Beruf.
Der Beruf Schreiber war sehr wichtig (!) im alten Ägypten.

Hieroglyphen

a =	b =	ch =	d =	dsch =
e =	f =	g =	h =	i =
j =	k =	l =	m =	n =
o =	p =	q =	r =	s =
sch =	t =	ts, tsch =	u, v, w =	x =
y =	z =	1 =	10 =	100 =
1 000 =	10 000 =	100 000 =	1 000 000 =	

1. a) Schreibe deinen Namen in das Kästchen links.

b) Markiere die Buchstaben deines Namens in der Tabelle oben (↑).

c) Schreibe deinen Namen in **Hieroglyphen** in das Kästchen rechts.

Dein Name	Dein Name in Hieroglyphen-Schrift

2. a) Du siehst (→ sehen) in dem linken Kästchen, wie Zahlen geschrieben (→ schreiben) wurden.

b) Schreibe das Datum von heute in **Hieroglyphen** in das Kästchen rechts.

7 = ||||||| 24 = 369 =	Datum

Arbeitsblatt — Eine Schrift entsteht

Im <u>alten</u> **Ägypten** haben die Menschen auf **Papyrus** geschrieben (→ <u>schreiben</u>).
Papyrus ist eine <u>Pflanze</u>.

1. Du siehst (→ <u>sehen</u>) auf den <u>Bildern</u>, wie aus **Papyrus** <u>Papier</u> <u>hergestellt</u> wird.

   a) Schneide die Bilder aus (→ <u>ausschneiden</u>).

   b) Bringe die Bilder in die <u>richtige Reihenfolge</u>.

   c) Klebe die Bilder in der richtigen Reihenfolge untereinander (↓) in dein <u>Heft</u>.

   d) Schneide die <u>Beschreibungen</u> aus (→ <u>ausschneiden</u>).

   e) Ordne die Beschreibungen den Bildern zu (→ <u>zuordnen</u>).

   f) Klebe die Beschreibungen zu den Bildern in dein Heft.

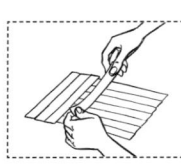

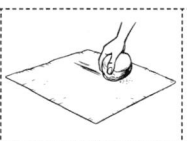

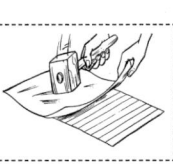

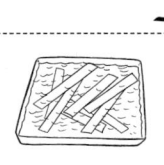

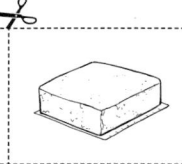

Die <u>Streifen</u> werden mit einem Hammer  (🔨) platt geklopft (→ <u>klopfen</u>).

Es wird ein Tuch () über das <u>Papier</u> gelegt (→ <u>legen</u>).
Das Papier wird mit einem Hammer (🔨) platt geklopft (→ <u>klopfen</u>).

Das <u>Papier</u> wird mit einem scharfen Stein () geglättet (→ <u>glätten</u>).

Die <u>Streifen</u> werden ins Wasser () gelegt (→ <u>legen</u>).

Das <u>Papier</u> wird unter einen schweren () Stein () gelegt (→ <u>legen</u>).

Der Stängel () wird in <u>Streifen</u> geschnitten (→ <u>schneiden</u>).

Die <u>Streifen</u> werden eng nebeneinander (|||) und übereinander (✚) gelegt (→ <u>legen</u>).

Lösung — **Eine Schrift entsteht**

1. a), b) und c)

Lösung individuell

2. a) und b)

Lösung individuell

---

1. a) bis f)

	Der Stängel wird in <u>Streifen</u> geschnitten (→ schneiden).
	Die <u>Streifen</u> werden ins Wasser gelegt (→ legen).
	Die <u>Streifen</u> werden mit einem Hammer platt geklopft (→ klopfen).
	Die <u>Streifen</u> werden eng nebeneinander und übereinander gelegt (→ legen).
	Es wird ein Tuch über das <u>Papier</u> gelegt (→ legen). Das <u>Papier</u> wird mit einem Hammer platt geklopft (→ klopfen).
	Das <u>Papier</u> wird unter einen schweren Stein gelegt (→ legen).
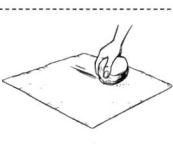	Das <u>Papier</u> wird mit einem scharfen Stein geglättet (→ glätten).

Themenwortschatz

Griechenland – Siedlungen entstehen

Griechenland – Siedlungen entstehen			Griechenland – Siedlungen entstehen		
ansiedeln siedle an! *to settle*		**die Ansiedlung** die Ansiedlungen *the settlement*		**fern** *distant*	**die Ferne** – *the distance*

Griechenland – Siedlungen entstehen			Griechenland – Siedlungen entstehen		
	gebirgig *mountanious*	**das Gebirge** die Gebirge *the mountains*			**die Insel** die Inseln *the island*

Griechenland – Siedlungen entstehen			Griechenland – Siedlungen entstehen		
		die Küste die Küsten *the coast*			**das Meer** die Meere *the sea*

Griechenland – Siedlungen entstehen			Griechenland – Siedlungen entstehen		
		das Schiff die Schiffe *the ship*	**wachsen** wachse! *to grow up*		das Wachstum – *the growth*

Arbeitsblatt — Griechenland – Siedlungen entstehen

Die alten Griechen lebten in Poleis (= Stadtstaaten = Stadt + Staat). Sie lebten im heutigen (→ heute) Griechenland. Bis 800 vor Christus eroberten sie neue Siedlungsgebiete an der Küste der heutigen (→ heute) Türkei.

1. Du siehst (→ sehen) hier eine Karte von Griechenland um 750 vor Christus.
   a) Kreuze das Richtige an (→ ankreuzen).
   b) Male die Karte farbig an (→ anmalen).

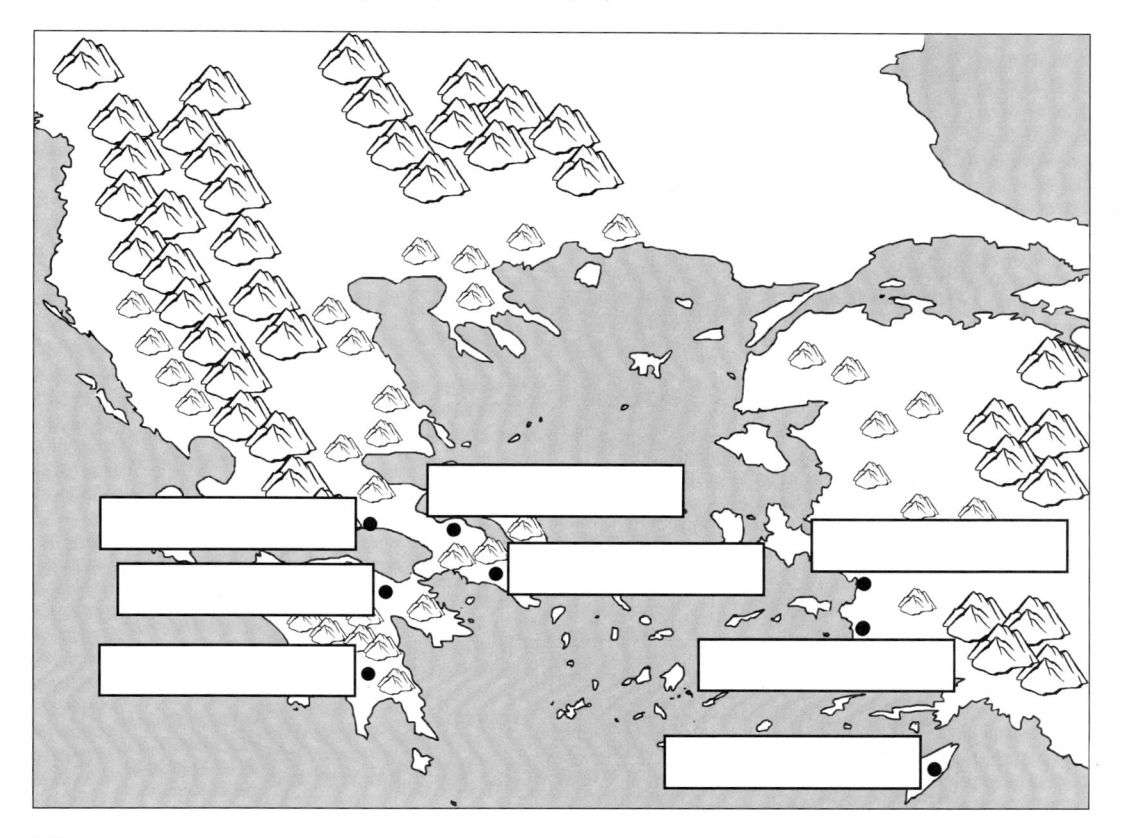

☐ **Griechenland** ist von Meer umgeben (●).
☐ In Griechenland gibt es viele (🏔) Gebirge.
☐ Die Menschen siedelten sich im Gebirge an (→ ansiedeln).
☐ Griechenland hat viele (🏔) kleine Inseln.
☐ Die Menschen siedelten sich an den Küsten an (→ ansiedeln).
☐ Die Menschen lebten in **Poleis**.

2. a) Suche in dem Rätsel die 8 **Poleis**: **Athen, Delphi, Korinth, Rhodos, Sparta, Theben, Milet, Ephesos.** Markiere sie.
   b) Suche die Poleis Athen, Delphi, Korinth, Rhodos, Sparta, Theben, Milet, Ephesos im Atlas.
   c) Ordne die Poleis der Karte von Aufgabe 1 zu (→ zuordnen). Schreibe die Poleis in die Kästchen.

S	P	A	R	T	A	E	N	J	D	E
H	H	I	H	H	V	A	D	S	E	P
T	L	R	E	N	M	I	D	T	D	H
H	L	H	Z	A	T	H	E	N	I	E
E	T	O	A	N	Z	T	L	I	Ü	S
B	S	D	E	R	W	E	P	G	G	O
E	K	O	R	I	N	T	H	E	G	S
N	E	S	G	K	T	O	I	N	U	B
H	W	A	S	M	I	L	E	T	S	N

Arbeitsblatt — Griechenland – Siedlungen entstehen

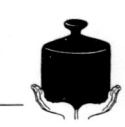

In **Griechenland** gibt es viele Gebirge. Die Menschen siedelten sich an den Küsten an (→ ansiedeln). Die **Poleis** (= Stadtstaaten = Stadt + Staat) wuchsen (→ wachsen) schnell. Die **Griechen** bauten Schiffe und fuhren in ferne Länder. Sie gründeten in den fernen Ländern **Tochterstädte** (= **Kolonien**).

1. Warum gründeten die **Griechen Tochterstädte**? Kreuze an (→ ankreuzen).

	richtig	falsch
Es gab zu wenig Nahrung.		
Die Griechen wollten Handel betreiben.		
Die Griechen suchten Ackerland.		
Die Bevölkerungszahl wuchs (→ wachsen).		

2. Die **Griechen** betreiben mit fernen Ländern Handel.
Mit welchen Ländern betrieben die Griechen Handel? Welche Waren wurden gehandelt (→ handeln)? Sieh (→ sehen) in der Karte nach und schreibe in die Tabelle.

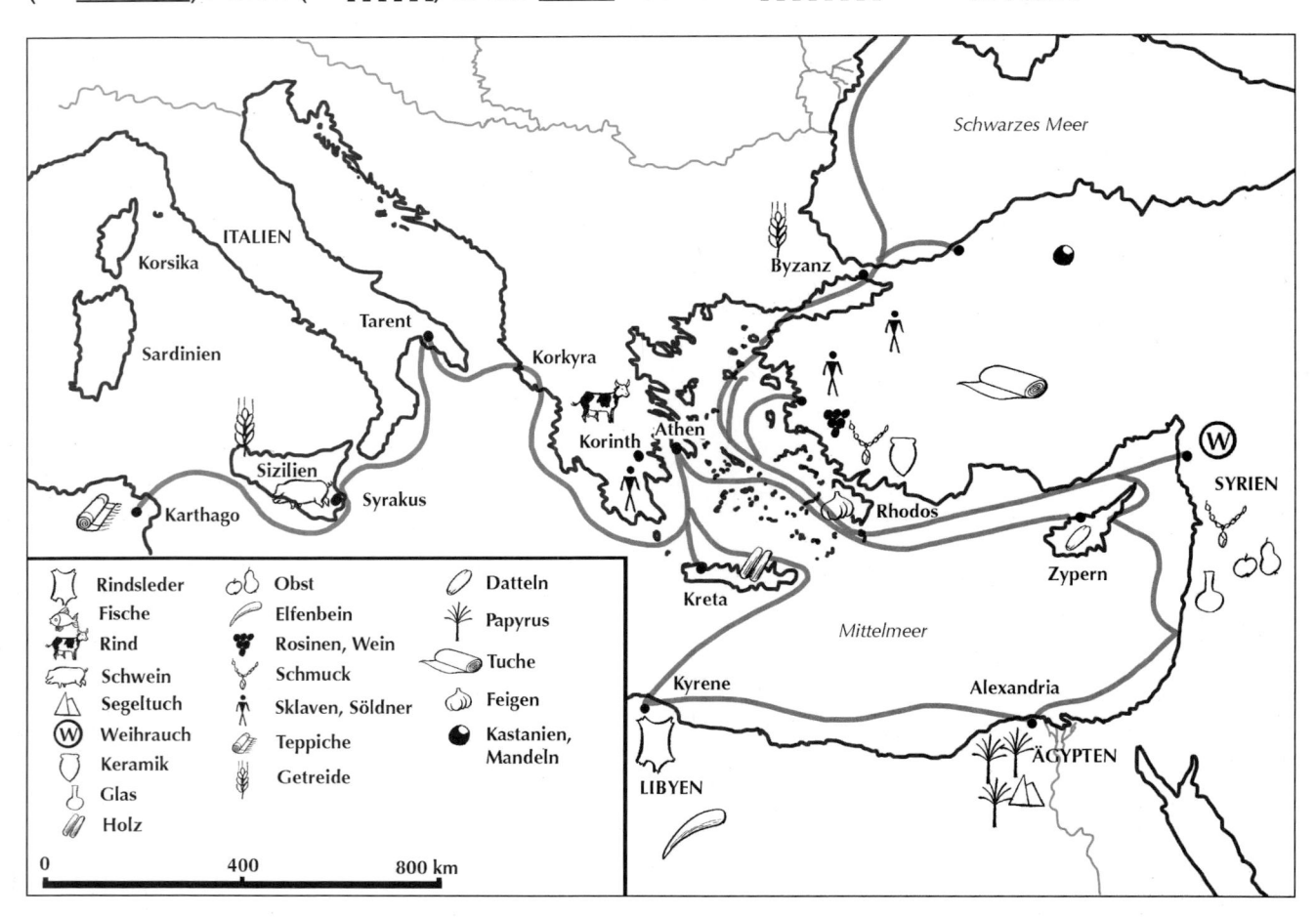

das Land	die Ware
Zypern	Datteln

Lösung

Griechenland – Siedlungen entstehen

1. a)

- [X] **Griechenland** ist von Meer umgeben (●).
- [X] In Griechenland gibt es viele (▦) Gebirge.
- [ ] Die Menschen siedelten sich im Gebirge an (→ ansiedeln).
- [X] Griechenland hat viele (▦) kleine Inseln.
- [X] Die Menschen siedelten sich an den Küsten an (→ ansiedeln).
- [X] Die Menschen lebten in **Poleis**.

2. a)

S	P	A	R	T	A	E	N	J	D	E
H	H	I	H	H	V	A	D	S	E	P
T	L	R	E	N	M	I	D	T	D	H
H	L	H	Z	A	T	H	E	N	I	E
E	T	O	A	N	Z	T	L	I	Ü	S
B	S	D	E	R	W	E	P	G	G	O
E	K	O	R	I	N	T	H	E	G	S
N	E	S	G	K	T	O	I	N	U	B
H	W	A	S	M	I	L	E	T	S	N

b) und c)

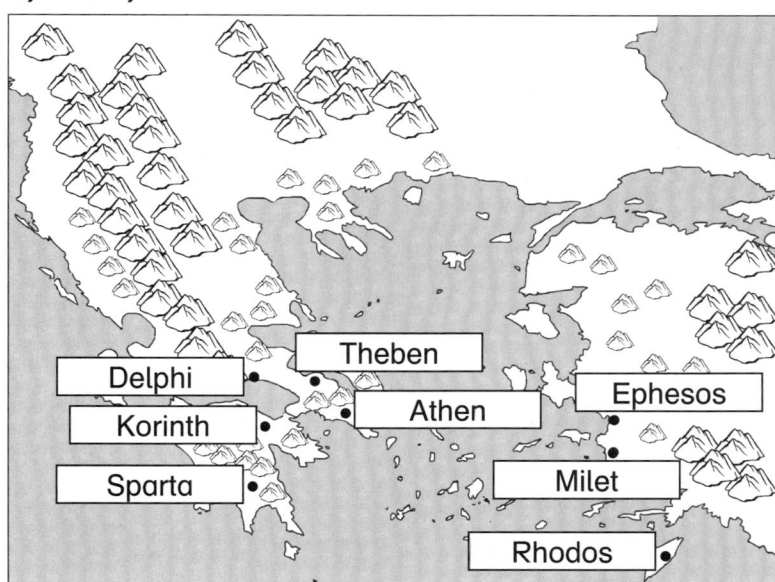

Orte auf der Karte: Delphi, Theben, Athen, Ephesos, Korinth, Sparta, Milet, Rhodos

---

1.

	richtig	falsch
Es gab zu wenig (◡) Nahrung.	X	
Die Griechen wollten Handel betreiben.	X	
Die Griechen suchten Ackerland.	X	
Die Bevölkerungszahl wuchs (→ wachsen).	X	

2.

das Land	die Ware
Zypern	Datteln
Libyen	Elfenbein, Rindsleder
Ägypten	Papyrus, Segeltuch
Syrien	Schmuck, Glas, Obst, Weihrauch

Themenwortschatz

Die Olympischen Spiele

Die Olympischen Spiele		
(sich) ereignen — to occur	ereignisreich eventful	**das Ereignis** die Ereignisse the event

Die Olympischen Spiele		
	festlich festive	**das Fest** die Feste the festivity

Die Olympischen Spiele		
		der Kontinent die Kontinente the continent

Die Olympischen Spiele		
		die Neuzeit — the modern era

Die Olympischen Spiele		
		die Sportart die Sportarten the type of sport

Die Olympischen Spiele		
	sportlich athletic	**der Sportler** die Sportler the athlete

Die Olympischen Spiele		
stattfinden — to happen		

Die Olympischen Spiele		
	täglich daily	**der Tag** die Tage the day

Die Olympischen Spiele		
teilnehmen nimm teil! to participate		die Teilnahme die Teilnahmen the participation

Die Olympischen Spiele		
	weltlich worldly	**die Welt** die Welten the world

54

Die Olympischen Spiele

Arbeitsblatt

Die **Olympischen Spiele** fanden 776 vor Christus zum 1. Mal statt (→ stattfinden).
Sie fanden in der **griechischen** Stadt **Olympia** statt (→ stattfinden).
Die Olympischen Spiele waren ein großes Fest.
Mit den Olympischen Spielen wurden die Götter verehrt.
Die Olympischen Spiele fanden alle 4 Jahre statt (→ stattfinden).

1. Markiere die Bilder, die eine antike **olympische** Sportart zeigen.

| der Speerwurf | der Ringkampf | das Gewichtheben | der Weitsprung |

| das Wagenrennen | das Fechten | der Diskuswurf | der Fußball |

2. Die Olympischen Spiele heute.
Markiere die Kästchen, die du den Olympischen Spielen heute zuordnen kannst.

| männliche (♂) und weibliche (♀) Sportler | Sportler aus der ganzen Welt | Fest, um die Götter zu verehren |

| nur in **Griechenland** | ungefähr 30 Sportarten | 14 Tage |

Arbeitsblatt — **Die Olympischen Spiele**

776 vor Christus fanden in der **griechischen** Stadt **Olympia** die 1. **Olympischen Spiele** statt (→ stattfinden).
Die Olympischen Spiele waren ein großes Fest, um die Götter zu verehren.
Sie fanden alle 4 Jahre statt (→ stattfinden).
393 nach Christus wurden die Olympischen Spiele verboten (→ verbieten ⊘).
Die Olympischen Spiele der Neuzeit finden seit dem Jahr 1896 wieder statt (→ stattfinden).

1. Ordne die Kästchen den **Olympischen Spielen** der Antike oder den Olympischen Spielen heute zu (→ zuordnen). Schreibe in die Tabelle.

- nur männliche (♂) Sportler
- Sportler aus der ganzen Welt
- nur in **Griechenland**
- Sportereignis (= sportliches Ereignis)
- Zeit ohne Kriege
- ungefähr 30 Sportarten
- auf der ganzen Welt
- männliche (♂) und weibliche (♀) Sportler
- Fest, um die Götter zu verehren
- nur Sportler einer **griechischen Polis** (= Stadtstaat = Stadt + Staat)

Olympische Spiele in der Antike	Olympische Spiele heute

2. Beantworte die Fragen.

a) Wie oft finden die **Olympischen Spiele** heute statt (→ stattfinden)? _____

b) Wie lange dauern die Olympischen Spiele heute? _____

c) Wo finden die Olympischen Spiele heute statt (→ stattfinden)? _____

3. Die 5 **Olympischen Ringe** stehen für die 5 Kontinente, die an den **Olympischen Spielen** teilnehmen.
Wie heißen die 5 Kontinente? Suche im Atlas.

_____

_____

Die Olympischen Spiele

1.

| der Speerwurf | der Ringkampf | das Gewichtheben | der Weitsprung |

| das Wagenrennen | das Fechten | der Diskuswurf | der Fußball |

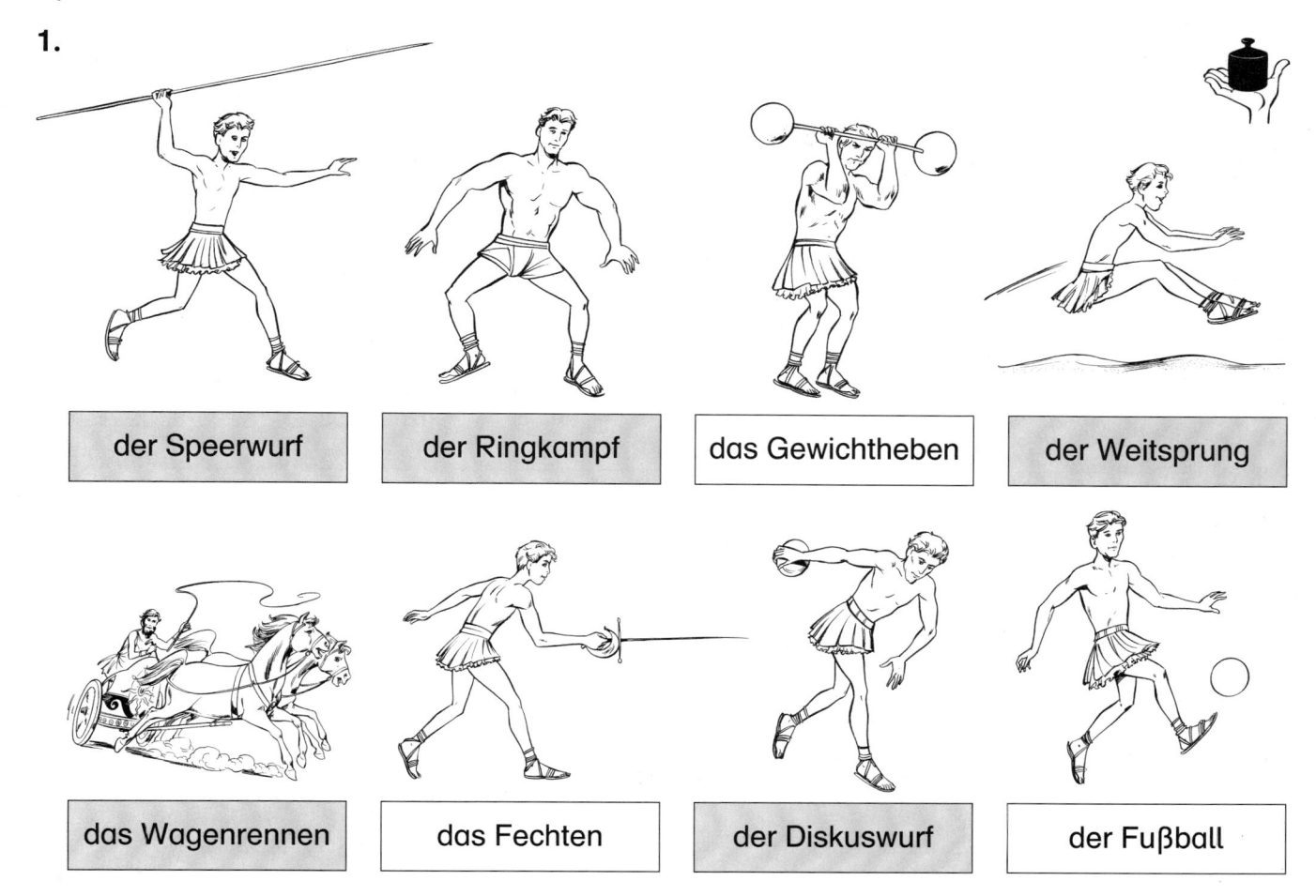

2.

| männliche (♂) und weibliche (♀) Sportler | Sportler aus der ganzen Welt | Fest, um die Götter zu verehren |

| nur in Griechenland | ungefähr 30 Sportarten | 14 Tage |

1.

Olympische Spiele in der Antike	Olympische Spiele heute
nur männliche (♂) Sportler	männliche (♂) und weibliche (♀) Sportler
nur in Griechenland	Sportler aus der ganzen Welt
nur Sportler einer griechischen Polis (= Stadtstaat = Stadt + Staat)	auf der ganzen Welt
Fest, um die Götter zu verehren	Sportereignis (= sportliches Ereignis)
Zeit ohne Kriege	ungefähr 30 Sportarten

2. a) alle 4 Jahre
  b) 14 Tage
  c) auf der ganzen Welt

3. Amerika, Asien, Afrika, Europa, Australien

Alltag im antiken Griechenland

Alltag im antiken Griechenland		
	alltäglich	**der Alltag** —
	commonplace	*the everyday life*

Alltag im antiken Griechenland		
	bergig	**der Berg** die Berge
	mountainious	*the mountain*

Alltag im antiken Griechenland		
	hoch	die Höhe die Höhen
	high	*the hight*

Alltag im antiken Griechenland		
		das Lebensjahr die Lebensjahre
		the year of one's life

Alltag im antiken Griechenland		
	privat	
	private	

Alltag im antiken Griechenland		
		die Redekunst die Redekünste
		the rethoric

Alltag im antiken Griechenland		
	schulisch	**die Schule** die Schulen
	scholastic	*the school*

Alltag im antiken Griechenland		
		die Vase die Vasen
		the vase

Arbeitsblatt **Alltag im antiken Griechenland**

Den reichen **Familien** aus **Athen** war die Erziehung und Bildung ihrer **Kinder** sehr wichtig (❗).

Sohn und **Tochter** wurden bis zu ihrem 6. Lebensjahr gleich (=) erzogen (→ erziehen). Dann gingen die **Söhne** auf ein **Gymnasion** oder auf eine Privatschule (= private Schule). Sie lernten Lesen, Schreiben, Rechnen und die Redekunst.

Die **Töchter** lernten von der **Mutter**. Sie machten den Haushalt.

die Familie: der Vater, die Mutter, die Tochter, der Sohn
die Eltern — die Kinder

1. a) Ordne zu (→ zuordnen). Verbinde die Kästchen zu einem Satz.

b) Schreibe die Sätze in dein Heft.

Die **Söhne**	lernten von der Mutter.
Die **Töchter**	machten den Haushalt.
Mutter und **Tochter**	war die Erziehung und Bildung ihrer **Kinder** sehr wichtig (❗).
Die **Söhne**	lernten Lesen, Schreiben, Rechnen und die Redekunst.
Den **Eltern**	gingen auf eine Schule.

2. Die Bilder sind von **griechischen** Vasen. Du siehst (→ sehen) hier den Alltag der **Griechen**.

Was machen die Griechen? Ordne die Bilder den Wörtern zu (→ zuordnen). Verbinde.

der Handel	der Ackerbau	die Bildung

Arbeitsblatt — **Alltag im antiken Griechenland**

Die alten **Griechen** glaubten an verschiedene (👥) **Götter**.
Die Götter lebten auf dem Berg **Olymp**.
Der höchste Gott war **Zeus**. Seine Ehefrau (⚭) war **Hera**.

Stammbaum der griechischen Götter

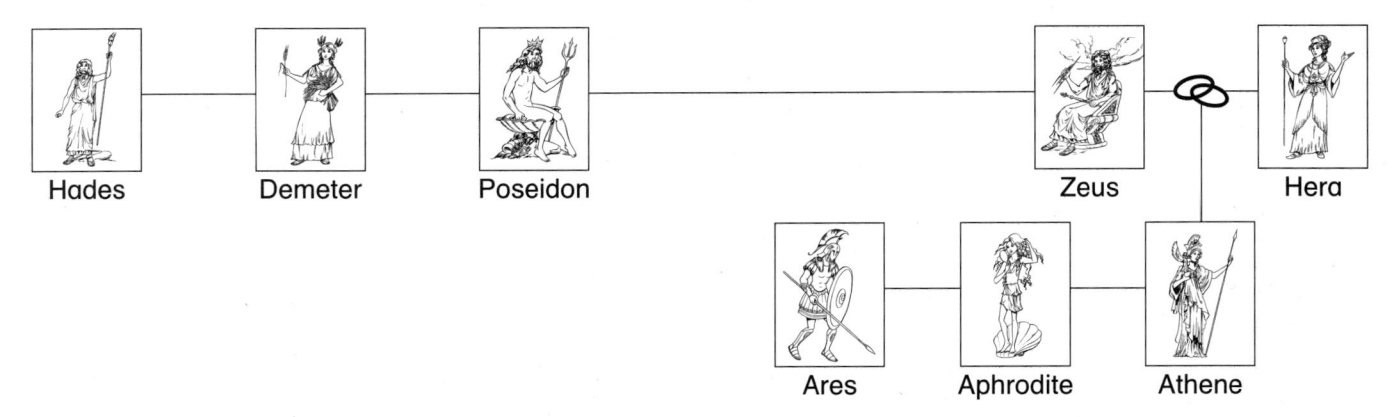

Hades — Demeter — Poseidon — Zeus ⚭ Hera
Ares — Aphrodite — Athene

1. a) Beschreibe den Stammbaum. Verbinde die Kästchen zu einem Satz.

   b) Schreibe die Sätze in dein Heft.

Zeus ist der Ehemann (⚭)	von Zeus.
Athene ist die Tochter	von **Hera**.
Poseidon ist der Bruder	von Zeus und Hera.
Aphrodite ist die Schwester	die Geschwister von Zeus.
Demeter, **Hades** und Poseidon sind	von Athene.

2. a) Jeder Gott hat eine Aufgabe. Ordne den Göttern ihre Aufgabe zu (→ zuordnen).
   Male die Kästchen in der gleichen (=) Farbe an (→ anmalen).

   b) Schreibe zu jedem Gott einen Satz in dein Heft.
   Beispiel: Hera ist die Göttin der Ehe und der Geburt.

Poseidon — Zeus — Hera — Ares — Aphrodite

das Meer — die Ehe, die Geburt — der Krieg — die Schönheit, die Liebe — das Wetter, das Gewitter

Lösung

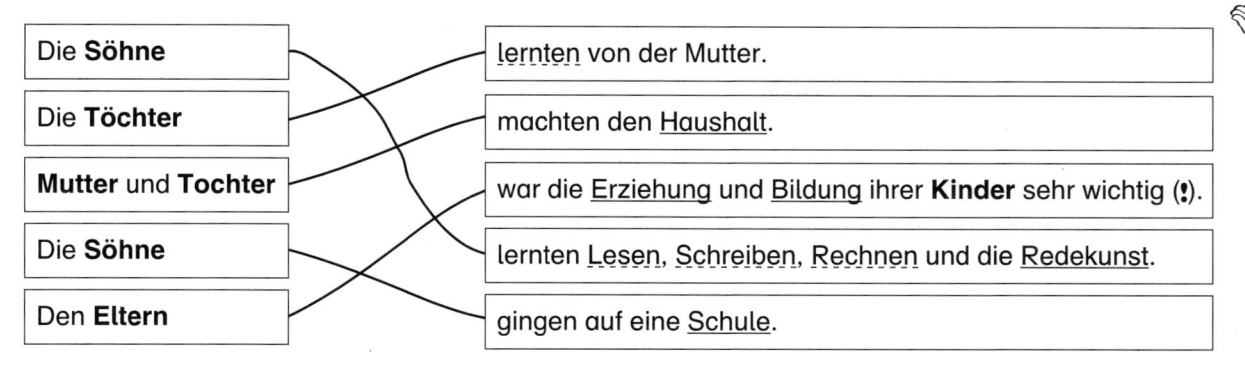

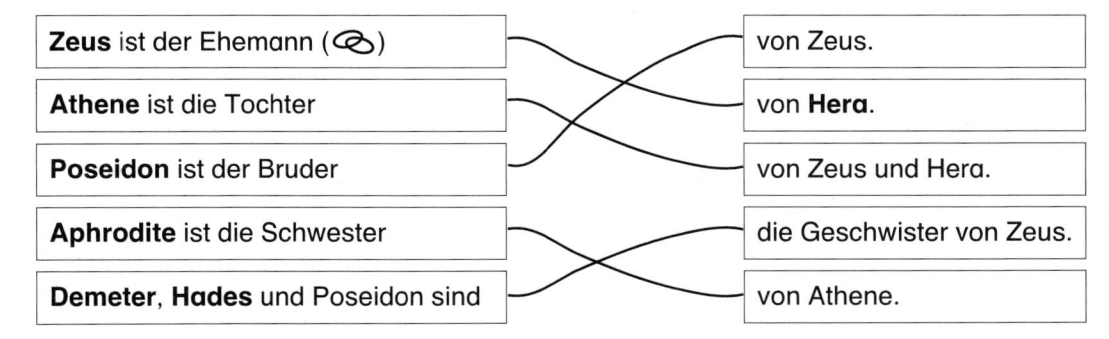

Alltag im antiken Griechenland

1. a) und b)

- Die **Söhne** — lernten von der Mutter.
- Die **Töchter** — machten den Haushalt.
- **Mutter** und **Tochter** — war die Erziehung und Bildung ihrer Kinder sehr wichtig (!).
- Die **Söhne** — lernten Lesen, Schreiben, Rechnen und die Redekunst.
- Den **Eltern** — gingen auf eine Schule.

2.

der Handel — der Ackerbau — die Bildung

---

1. a) und b)

- **Zeus** ist der Ehemann (⚭) — von Hera.
- **Athene** ist die Tochter — von Zeus.
- **Poseidon** ist der Bruder — von Athene.
- **Aphrodite** ist die Schwester — von Zeus und Hera.
- **Demeter**, **Hades** und Poseidon sind — die Geschwister von Zeus.

2. a)

Poseidon	Zeus	Hera	Ares	Aphrodite
das Meer	die Ehe, die Geburt	der Krieg	die Schönheit, die Liebe	das Wetter, das Gewitter

b)

Poseidon ist der Gott des Meeres. Zeus ist der Gott des Wetters und des Gewitters. Hera ist die Göttin der Ehe und der Geburt. Ares ist der Gott des Krieges. Aphrodite ist die Göttin der Schönheit und der Liebe.

Der Weg zur Demokratie

Der Weg zur Demokratie		
	fremd *foreign*	**der Fremde** die Fremden *the foreigner*

Der Weg zur Demokratie		
		die Scherbe die Scherben *the fragment*

Der Weg zur Demokratie		
		der Stimmzettel die Stimmzettel *the ballot paper*

Der Weg zur Demokratie		
	ursprünglich *originally*	**der Ursprung** die Ursprünge *the origin*

Der Weg zur Demokratie		
verbannen verbanne! *to banish*		die Verbannung die Verbannungen *the banishment*

Arbeitsblatt — **Der Weg zur Demokratie**

1. Du siehst (→ sehen) hier verschiedene (👁) Herrschaftsformen.
   Verbinde die Bilder mit der richtigen Beschreibung.

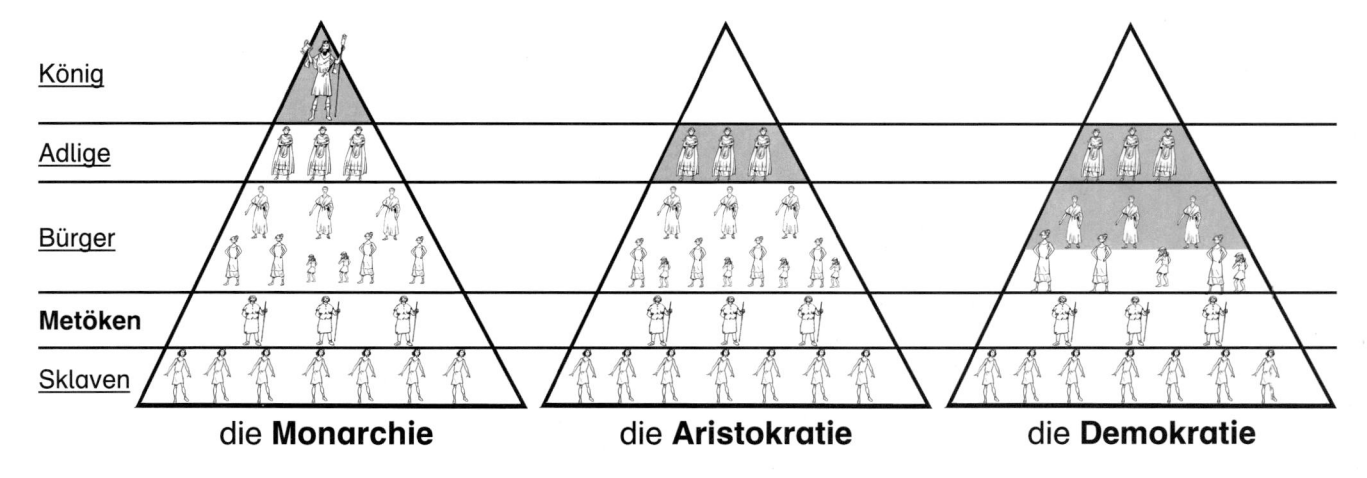

   König
   Adlige
   Bürger
   Metöken
   Sklaven

   die **Monarchie**   die **Aristokratie**   die **Demokratie**

   | Es herrschen nur wenige (👥) Adlige. | Es herrscht nur 1 Adliger. | Es regieren viele (👥) Adlige und Bürger. |

2. Der Zeitstrahl zeigt die Entwicklung der Herrschaftsformen im alten **Griechenland**.
   Beantworte die Fragen.

   die **Monarchie** — um 700 vor Christus — die **Demokratie**
   die **Aristokratie** — um 500 vor Christus

   a) Welche Herrschaftsform war nach (→) der **Monarchie**? _____
   b) Welche Herrschaftsform war nach (→) der **Aristokratie**? _____
   c) Welche Herrschaftsform war vor (←) der **Demokratie**? _____
   d) Welche Herrschaftsform war vor (←) der **Aristokratie**? _____
   e) In welcher Herrschaftsform regierten die meisten (👥) Menschen? _____
   f) In welcher Herrschaftsform herrschte nur 1 Adliger? _____
   g) In welcher Herrschaftsform herrschten nur wenige (👥) Adlige? _____

Arbeitsblatt **Der Weg zur Demokratie**

Die Herrschaftsform Demokratie hat ihren Ursprung im alten Griechenland, in der Stadt Athen.
In einer Demokratie regieren viele Adlige und Bürger. Die Adligen und Bürger, die regieren, werden vom Volk gewählt (→ wählen).

1. Das Bild erklärt die Herrschaftsform Demokratie im alten Griechenland. Beantworte die Fragen.

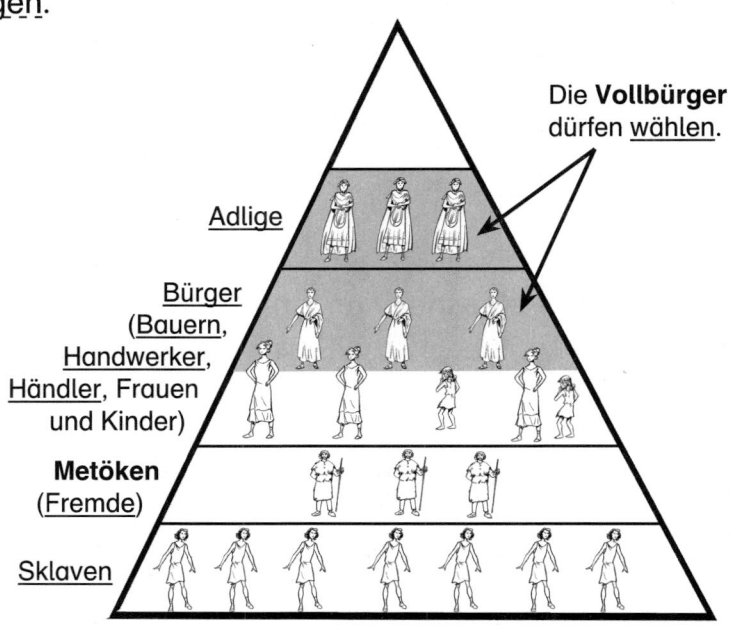

Die **Vollbürger** dürfen wählen.

Adlige
Bürger (Bauern, Handwerker, Händler, Frauen und Kinder)
Metöken (Fremde)
Sklaven

die **Vollbürger** (= die Adligen, die Bauern, die Handwerker, die Händler, nur Männer)	ca. 40 000 Menschen
die Frauen und die Kinder	ca. 70 000 Menschen
die **Metöken** (= die Fremden)	ca. 35 000 Menschen
die Sklaven	ca. 110 000 Menschen

a) Wer durfte wählen? _____
b) Wer durfte nicht wählen? _____
c) Wie viele Menschen durften wählen? _____
d) Wie viele Menschen durften nicht wählen? _____

2. Schreibe die Wörter richtig in die Kästchen: Bürger, Stimmzettel, Stadt, verbannt

Im alten Griechenland konnten mit dem **Scherbengericht** zu mächtige ☐ aus der ☐ verbannt werden. Man nahm Scherben als ☐ . Der Bürger, der die meisten Stimmen (|||| ||) bekommen hat, wurde für 10 Jahre aus der Stadt ☐ .

Lösung — **Der Weg zur Demokratie**

1.

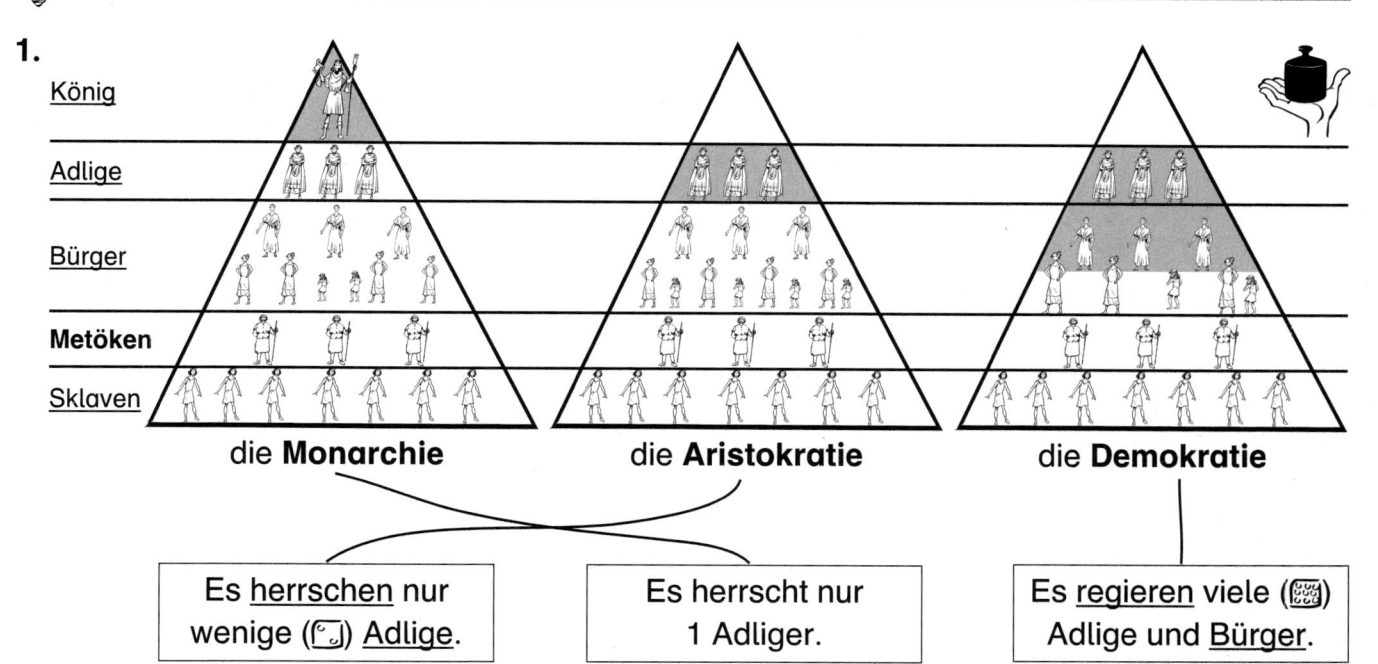

König — Adlige — Bürger — **Metöken** — Sklaven

die **Monarchie** — die **Aristokratie** — die **Demokratie**

Es <u>herrschen</u> nur wenige (🂠) <u>Adlige</u>. → die Aristokratie

Es herrscht nur 1 Adliger. → die Monarchie

Es <u>regieren</u> viele (🂠) <u>Adlige</u> und <u>Bürger</u>. → die Demokratie

2.
- a) die **Aristokratie**
- b) die **Demokratie**
- c) die Aristokratie
- d) die **Monarchie**
- e) die Demokratie
- f) die Monarchie
- g) die Aristokratie

1.
- a) die **Vollbürger** (= die <u>Adligen</u>, die <u>Bauern</u>, die <u>Handwerker</u>, die <u>Händler</u>, nur Männer)
- b) die Frauen und die Kinder, die **Metöken** (= die <u>Fremden</u>) und die <u>Sklaven</u>
- c) 40 000
- d) 215 000 (= 70 000 + 35 000 + 110 000)

2. Im <u>alten</u> <u>Griechenland</u> konnten mit dem **Scherbengericht** zu <u>mächtige</u> ⟨Bürger⟩ aus der ⟨Stadt⟩ verbannt werden. Man nahm <u>Scherben</u> als ⟨Stimmzettel⟩. Der <u>Bürger</u>, der die meisten (🂠) <u>Stimmen</u> (⊞ ||) bekommen hat, wurde für 10 <u>Jahre</u> aus der <u>Stadt</u> ⟨verbannt⟩.

Themenwortschatz

Rom – vom Dorf zum Weltreich

Rom – vom Dorf zum Weltreich			Rom – vom Dorf zum Weltreich		
		das Gebiet die Gebiete *the area*			**der Kontinent** die Kontinente *the continent*

Rom – vom Dorf zum Weltreich			Rom – vom Dorf zum Weltreich		
		das Mittelmeer – *the mediterranean sea*			**die Provinz** die Provinzen *the province*

Rom – vom Dorf zum Weltreich			Rom – vom Dorf zum Weltreich		
teilen teile! *to devide*		die Teilung die Teilungen *the devision*	**vertreiben** vertreibe! *to expel*		die Vertreibung die Vertreibungen *the expulsion*

66

Arbeitsblatt: Rom – vom Dorf zum Weltreich

Um 800 vor Christus war **Rom** noch ein Dorf.
Um 500 vor Christus vertrieben (→ vertreiben) die **Römer** die **Etrusker**.
Die Römer dehnten ihr Herrschaftsgebiet über das heutige (→ heute) **Italien** aus
(→ ausdehnen).
Dann eroberten die Römer Gebiete rund um das Mittelmeer.
Die Römer gründeten Provinzen. Die Stadt Rom und die Provinzen bildeten zusammen
(◯ + ◯) das **Imperium Romanum** (= das **Römische Reich**).
117 nach Christus war das Römische Reich sehr mächtig.
395 nach Christus wurde das Römische Reich geteilt (→ teilen).

1. a) Auf den Karten siehst (→ sehen) du die Entwicklung des **Römischen Reiches**.
Bringe die Karten in die richtige Reihenfolge. Schreibe die Zahlen 1–5 in die Kästchen **a)**.

b) Ordne den Karten das richtige Jahr zu (→ zuordnen): 800 vor Christus,
500 vor Christus, 200 vor Christus, 117 nach Christus, 395 nach Christus.
Schreibe das Jahr in die Kästchen **b)**.

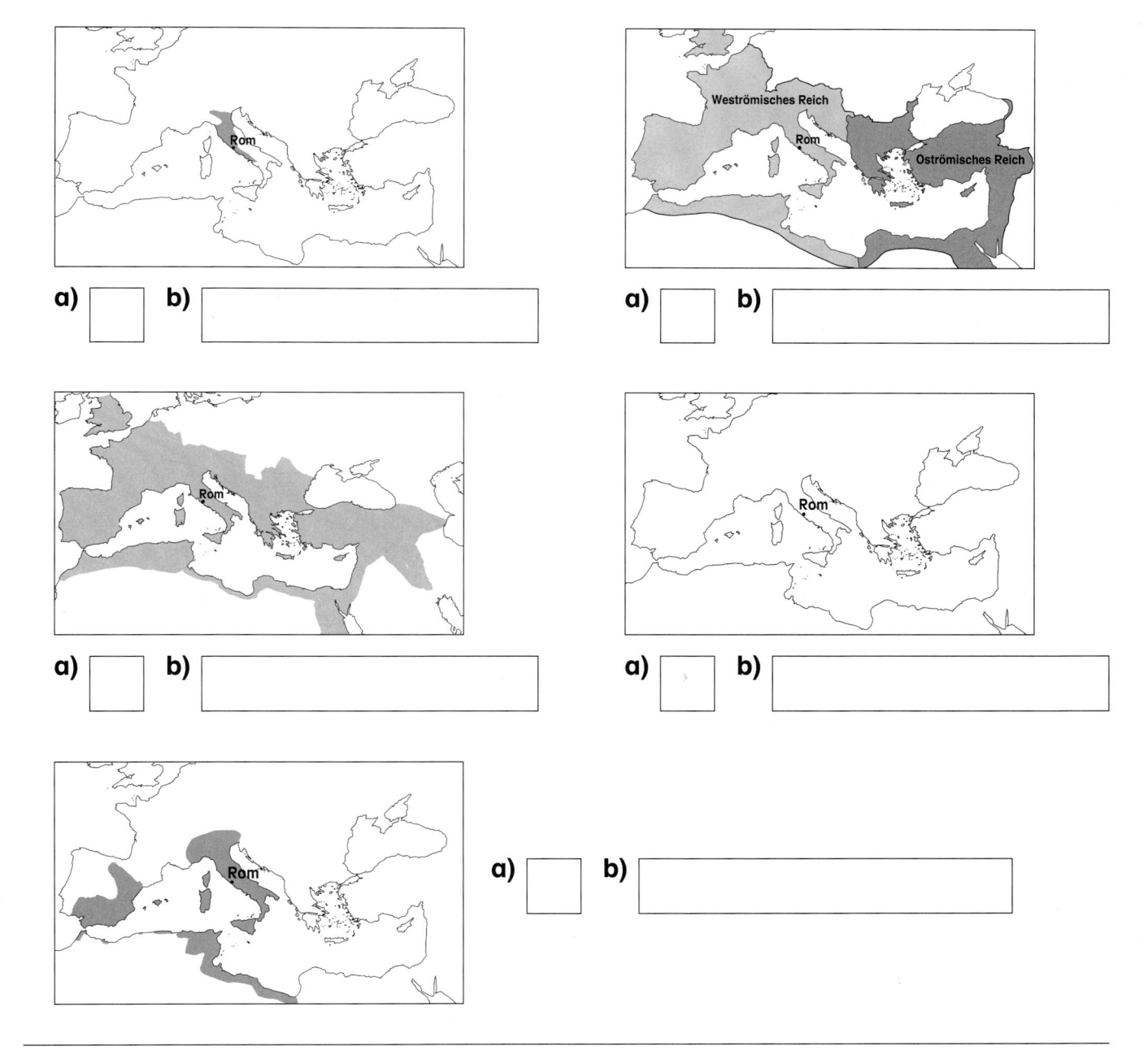

Arbeitsblatt **Rom – vom Dorf zum Weltreich**

1. **Rom** entwickelte sich vom Dorf zum mächtigen **Römischen Reich**.
   Beschreibe die Entwicklung.

   a) Schneide die Kästchen aus (→ ausschneiden).

   b) Bringe die Sätze in die richtige Reihenfolge.

   c) Klebe die Sätze in der richtigen Reihenfolge in dein Heft.
      Klebe die Kästchen untereinander (↓).

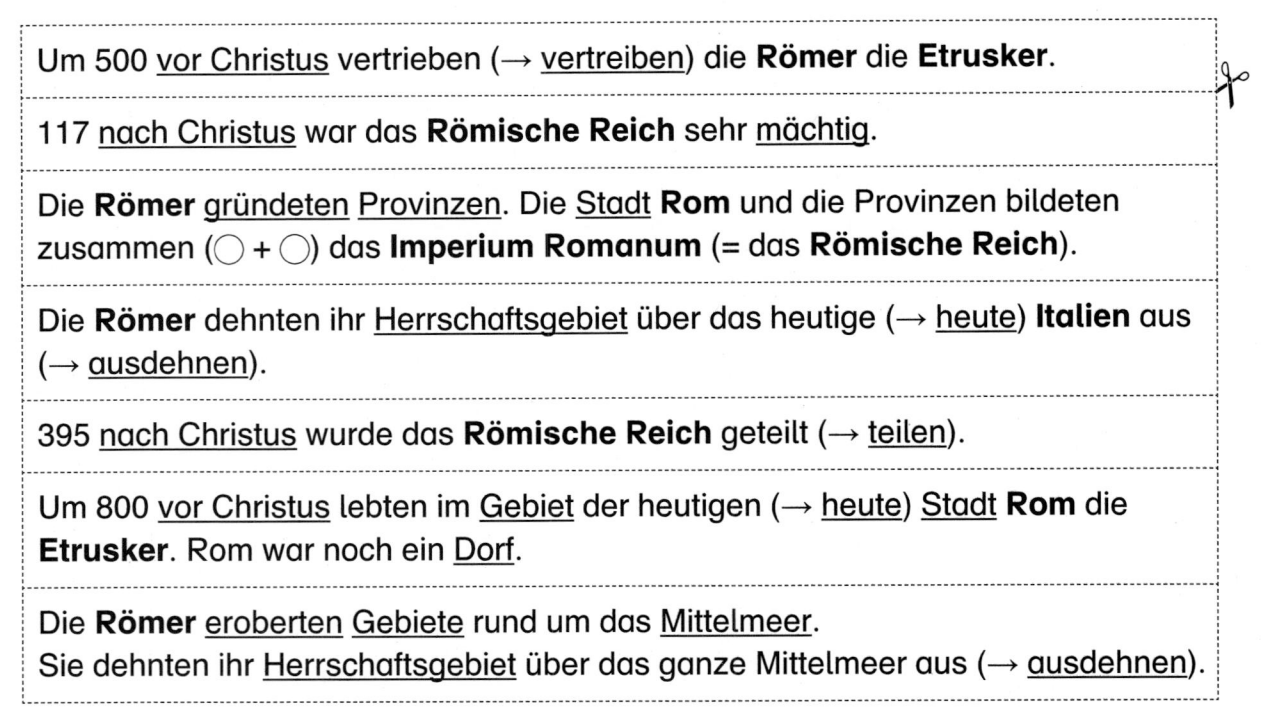

   Um 500 vor Christus vertrieben (→ vertreiben) die **Römer** die **Etrusker**.

   117 nach Christus war das **Römische Reich** sehr mächtig.

   Die **Römer** gründeten Provinzen. Die Stadt **Rom** und die Provinzen bildeten zusammen (◯ + ◯) das **Imperium Romanum** (= das **Römische Reich**).

   Die **Römer** dehnten ihr Herrschaftsgebiet über das heutige (→ heute) **Italien** aus (→ ausdehnen).

   395 nach Christus wurde das **Römische Reich** geteilt (→ teilen).

   Um 800 vor Christus lebten im Gebiet der heutigen (→ heute) Stadt **Rom** die **Etrusker**. Rom war noch ein Dorf.

   Die **Römer** eroberten Gebiete rund um das Mittelmeer.
   Sie dehnten ihr Herrschaftsgebiet über das ganze Mittelmeer aus (→ ausdehnen).

   ---

2. Auf der Karte siehst (→ sehen) du das **Römische Reich** 117 nach Christus.

   = **Römisches Reich** um 117 nach Christus

   a) Welche heutigen (→ heute) Länder umfasste (◯) das Römische Reich?
      Suche die Länder im Atlas und schreibe 10 Länder auf.

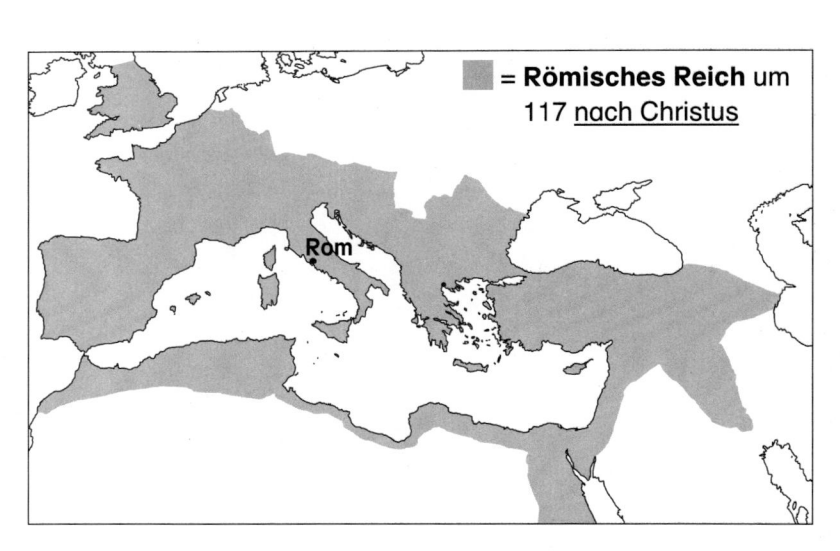

   b) Auf welche Kontinente dehnte sich das Römische Reich aus (→ ausdehnen)?
      Kreuze an (→ ankreuzen).

   ☐ Asien   ☐ Europa   ☐ Nordamerika   ☐ Antarktis
   ☐ Afrika   ☐ Australien   ☐ Südamerika

Lösung — Rom – vom Dorf zum Weltreich

1. a), b) und c)

Um 800 vor Christus lebten im Gebiet der heutigen (→ heute) Stadt **Rom** die **Etrusker**. Rom war noch ein Dorf.
Um 500 vor Christus vertrieben (→ vertreiben) die **Römer** die **Etrusker**.
Die **Römer** dehnten ihr Herrschaftsgebiet über das heutige (→ heute) **Italien** aus (→ ausdehnen).
Die **Römer** eroberten Gebiete rund um das Mittelmeer. Sie dehnten ihr Herrschaftsgebiet über das ganze Mittelmeer aus (→ ausdehnen).
Die **Römer** gründeten Provinzen. Die Stadt **Rom** und die Provinzen bildeten zusammen (○ + ○) das **Imperium Romanum** (= das **Römische Reich**).
117 nach Christus war das **Römische Reich** sehr mächtig.
395 nach Christus wurde das **Römische Reich** geteilt (→ teilen).

2. a)

Italien, Spanien, Portugal, Frankreich, Belgien, Schweiz, Teile der Niederlande, Teile Großbritanniens, Teile Österreichs, Teile Deutschlands, Slowakei, Tschechien, Albanien, Zypern, Griechenland, Türkei, Teile des Libanon, Teile Jordaniens, Teile Syriens, Teile Libyens, Teile Algeriens, der nördliche Teil von Marokko, Teile Ägyptens, Tunesien, Israel, Teile des Iraks, Mazedonien, Serbien, Montenegro, Andorra, Monaco, Vatikanstadt, San Marino, Malta, Lichtenstein, Luxemburg, Teile Ungarns, Bosnien-Herzegowina, Slowenien, Kroatien, Bulgarien

b)

[X] Asien ☐ Australien ☐ Antarktis
[X] Afrika ☐ Nordamerika
[X] Europa ☐ Südamerika

---

1. a) und b)

a) 2 b) 500 vor Christus

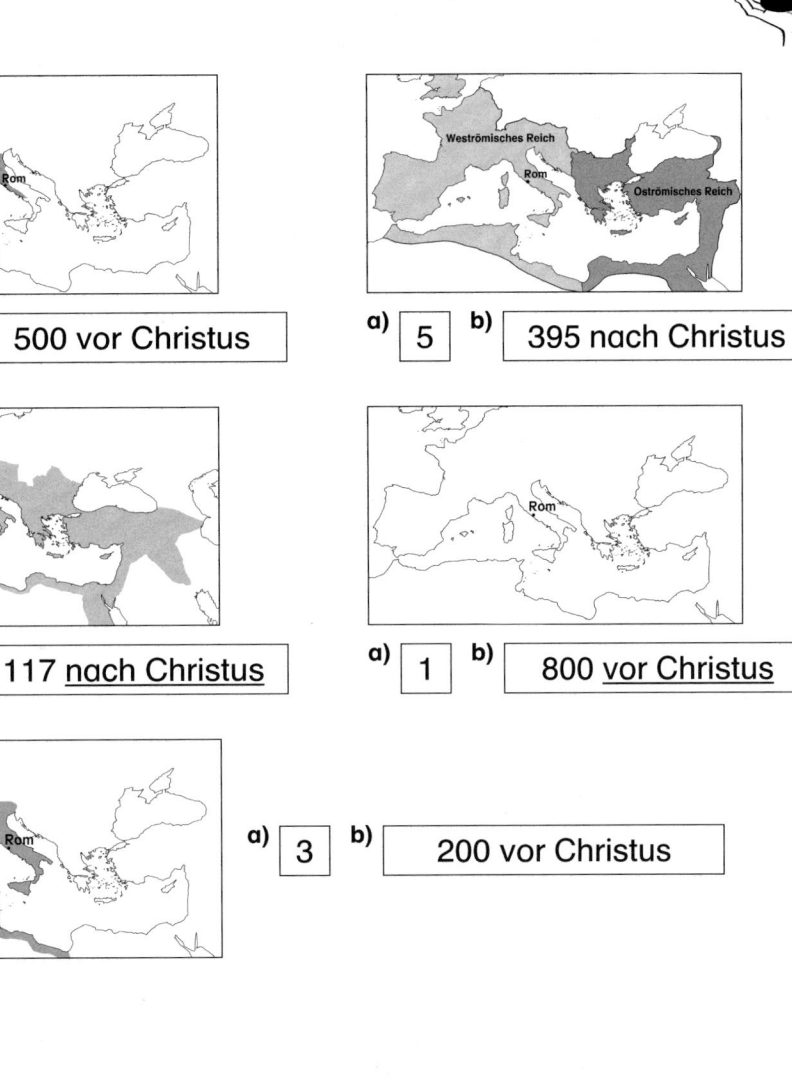

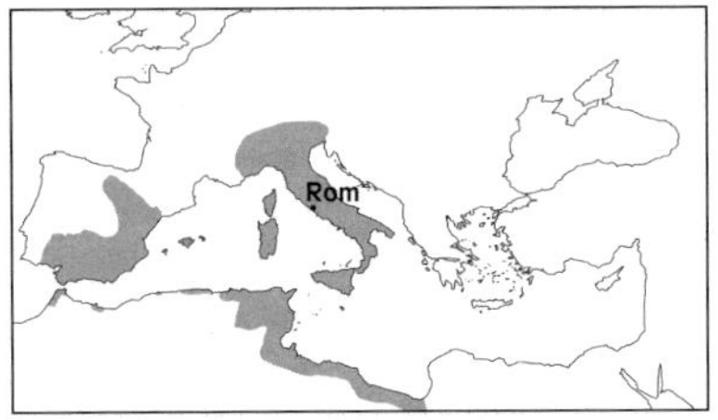

a) 4 b) 117 nach Christus

a) 5 b) 395 nach Christus

a) 1 b) 800 vor Christus

a) 3 b) 200 vor Christus

Themenwortschatz

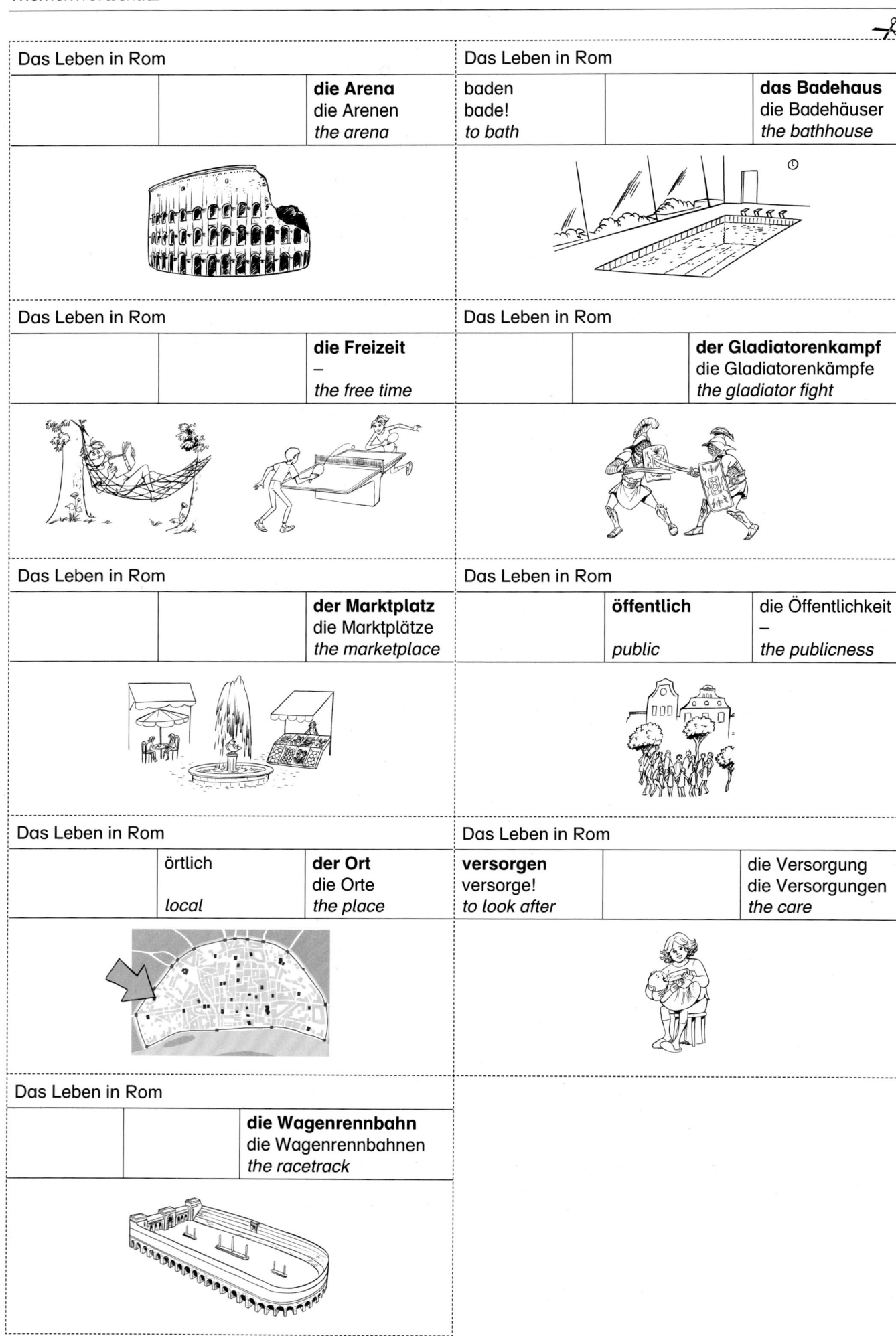

Das Leben in Rom

Das Leben in Rom		
		die Arena die Arenen *the arena*

Das Leben in Rom		
baden bade! *to bath*		**das Badehaus** die Badehäuser *the bathhouse*

Das Leben in Rom		
		die Freizeit – *the free time*

Das Leben in Rom		
		der Gladiatorenkampf die Gladiatorenkämpfe *the gladiator fight*

Das Leben in Rom		
		der Marktplatz die Marktplätze *the marketplace*

Das Leben in Rom		
öffentlich *public*		die Öffentlichkeit – *the publicness*

Das Leben in Rom		
örtlich *local*	**der Ort** die Orte *the place*	

Das Leben in Rom		
versorgen versorge! *to look after*		die Versorgung die Versorgungen *the care*

Das Leben in Rom		
		die Wagenrennbahn die Wagenrennbahnen *the racetrack*

Arbeitsblatt — Das Leben in Rom

In der Stadt Rom gibt es viele (📖) antike Bauwerke.
Diese Bauwerke waren den alten Römern sehr wichtig (!).

1. Wer war wo? Was wurde wo gemacht?
Verbinde die Bauwerke mit der richtigen Person.

das Forum Romanum	das Kolosseum	der Circus Maximus
der Gladiator	der Wagenlenker	der Politiker

2. Streiche das Falsche durch (→ durchstreichen).

a) Was war das **Forum Romanum**?

der Ort der Politik – der Marktplatz – die Arena

b) Was war das **Kolosseum**?

der Marktplatz – die Arena – der Ort der Gladiatorenkämpfe

c) Was war der **Circus Maximus**?

der Ort der Gladiatorenkämpfe – der Marktplatz – die Wagenrennbahn

3. Gibt es in deiner Stadt ähnliche Orte? Wie heißen sie? Frage deinen Lehrer.

_____

4. Die Römer verbrachten an diesen Orten viel (📖) Zeit.
Wo kannst du in deiner Stadt deine Freizeit verbringen? Frage deine Mitschüler oder deinen Lehrer.

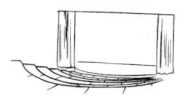

das Kino	das Schwimmbad	der Fußballplatz	der Sportplatz

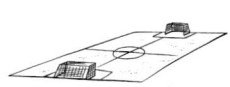

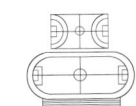

_____

_____

Arbeitsblatt **Das Leben in Rom**

In der Stadt Rom gibt es viele (🏛) antike Bauwerke.
Diese Bauwerke waren den alten Römern sehr wichtig (!).

1. Schneide die Kästchen aus (→ ausschneiden) und ordne sie richtig (= Domino).
Klebe das Domino in dein Heft.

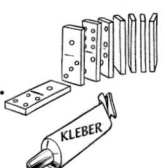

	die Thermen		der Patrizier
die Arena, der Ort der Gladiatorenkämpfe		Sie wurden für die Götter gebaut (→ bauen).	
	der Circus Maximus		das Forum Romanum
reich, ein Adliger		**START**	
	die Tempel		das Kolosseum
Sie versorgten die Stadt mit Wasser. 		ein einfacher Bürger	
… Brot und Spielen. 	**ENDE**	die Wagenrennbahn	der Plebejer 
… Straßen. 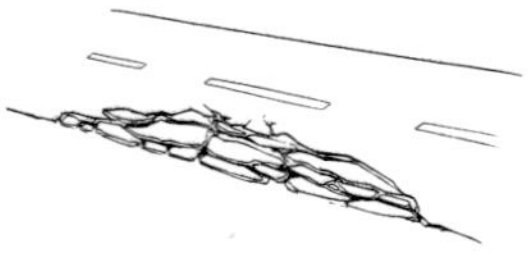	Die **Römer** lebten von …	größere öffentliche Badehäuser	Die armen Menschen erhielten vom Staat … 
	die Aquädukte	… Getreide.	
der Marktplatz, der Ort der Politik			Die **Römer** bauten viele …

Lösung — **Das Leben in Rom**

1.

START	Sie versorgten die <u>Stadt</u> mit Wasser.	die Aquädukte
das Forum Romanum	der Marktplatz, der <u>Ort</u> der <u>Politik</u>	
die Tempel	Sie wurden für die Götter gebaut (→ <u>bauen</u>).	der Patrizier
	<u>reich</u>, ein <u>Adliger</u>	der Plebejer
der Circus Maximus	die Wagenrennbahn	
	ein einfacher <u>Bürger</u>	die Thermen
das Kolosseum	die <u>Arena</u>, der <u>Ort</u> der Gladiatorenkämpfe	
	größere öffentliche <u>Badehäuser</u>	Die **Römer** bauten viele …
Die armen Menschen erhielten vom <u>Staat</u> …	… Getreide.	
	… Straßen.	ENDE
Die **Römer** lebten von …	… Brot und Spielen.	

1.

das Forum Romanum — das Kolosseum — der Circus Maximus

der Gladiator — der Wagenlenker — der Politiker

(Zuordnung: Forum Romanum ↔ Politiker; Kolosseum ↔ Gladiator; Circus Maximus ↔ Wagenlenker)

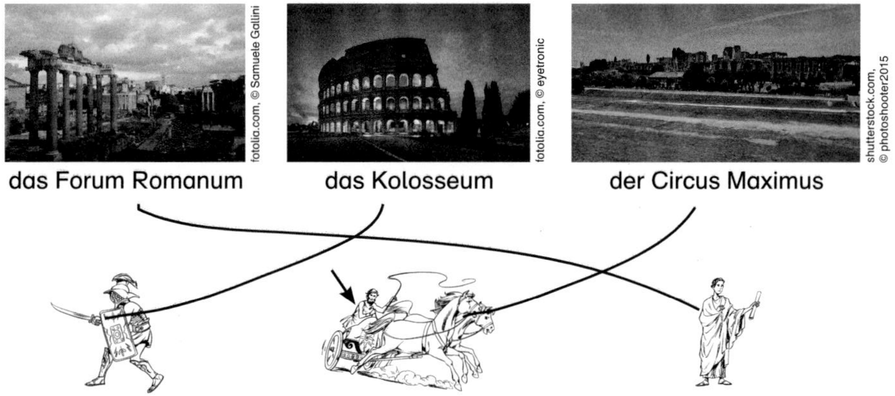

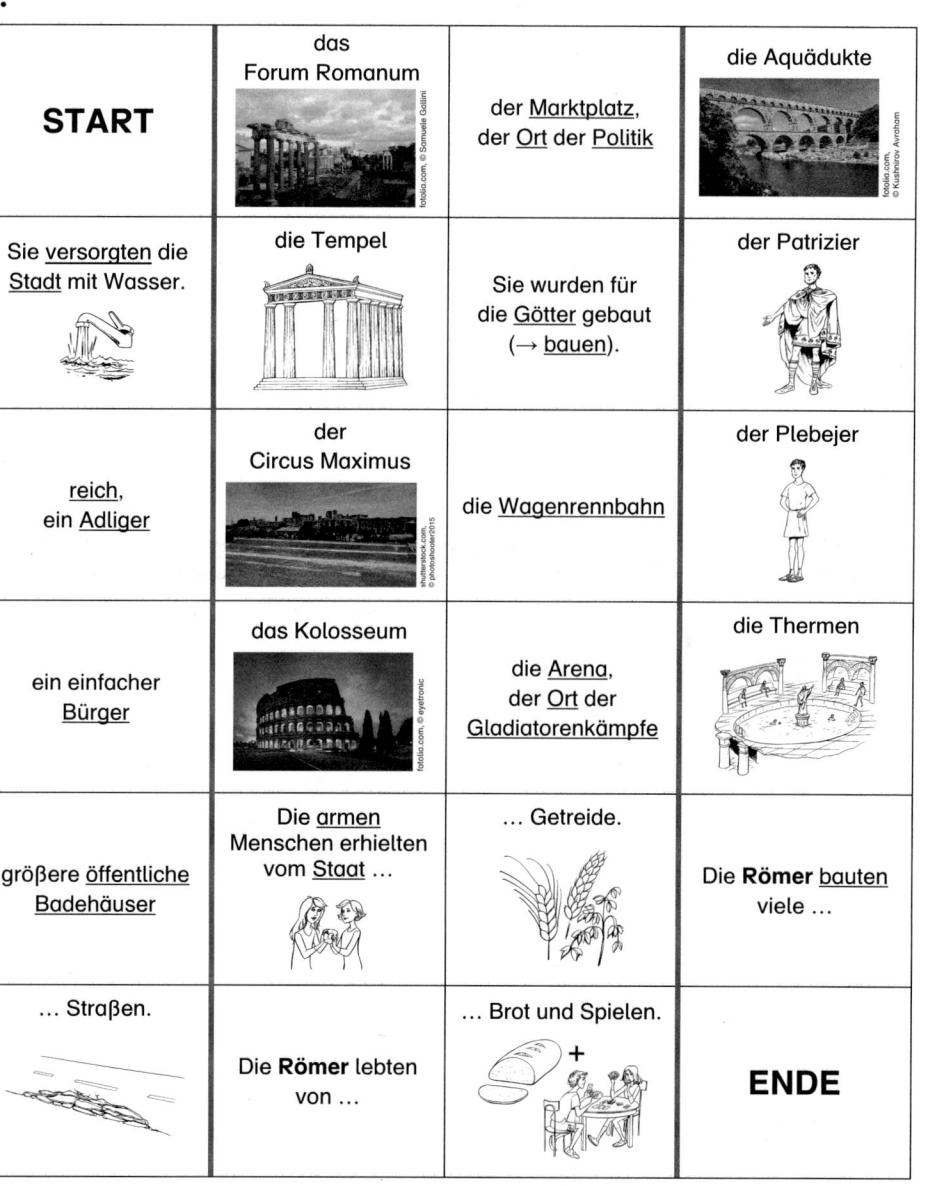

2.
a) der <u>Ort</u> der <u>Politik</u> – der <u>Marktplatz</u> – ~~die Arena~~

b) ~~der Marktplatz~~ – die Arena – der Ort der Gladiatorenkämpfe

c) ~~der Ort der Gladiatorenkämpfe~~ – ~~der Marktplatz~~ – die Wagenrennbahn

3. <u>Beispiel</u>: das Rathaus, die Arena, das Stadion

4. Lösung individuell

Themenwortschatz

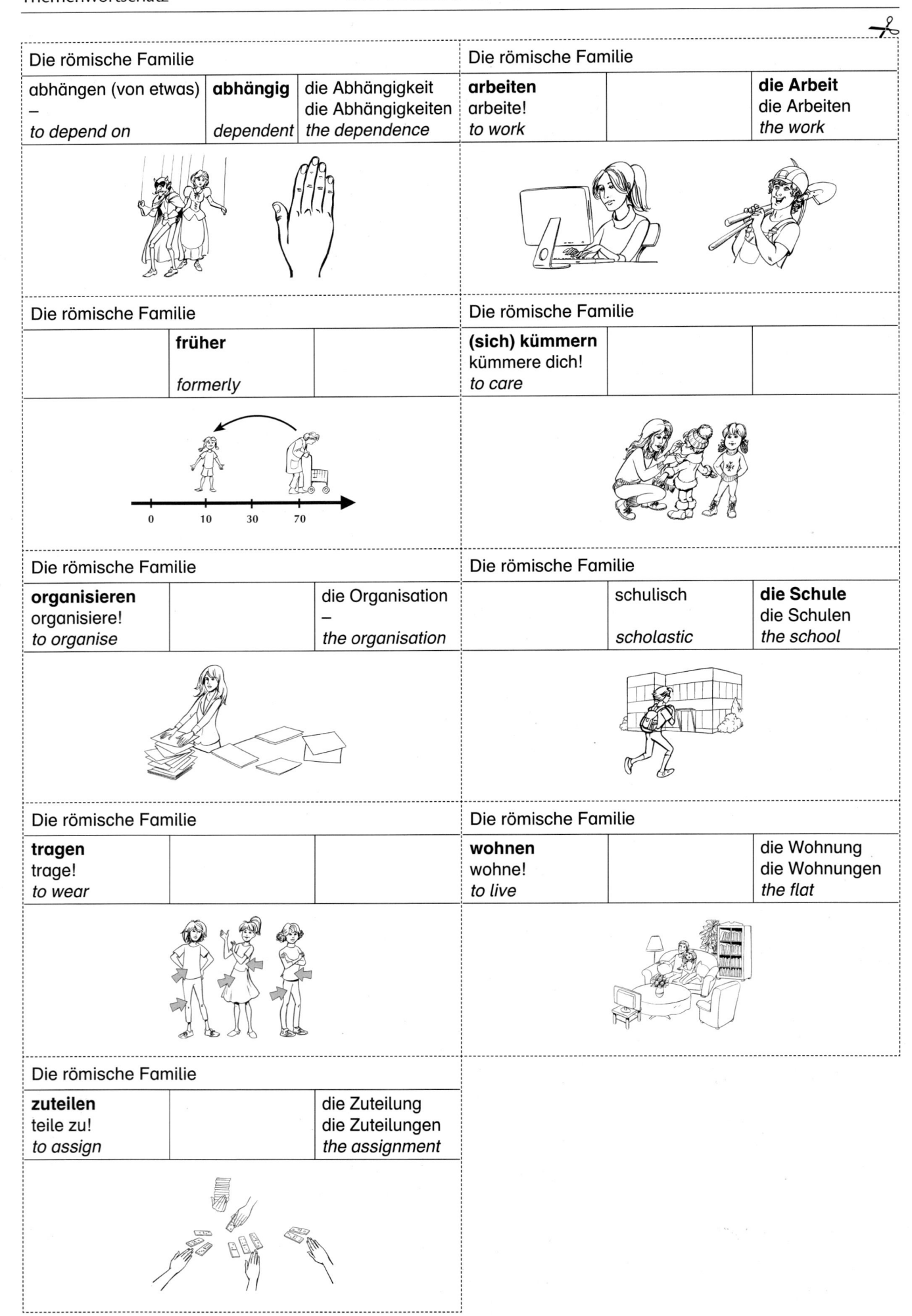

Die römische Familie

Die römische Familie		
abhängen (von etwas) – *to depend on*	**abhängig** *dependent*	die Abhängigkeit die Abhängigkeiten *the dependence*

Die römische Familie		
arbeiten arbeite! *to work*		**die Arbeit** die Arbeiten *the work*

Die römische Familie		
	früher *formerly*	

Die römische Familie		
(sich) kümmern kümmere dich! *to care*		

Die römische Familie		
organisieren organisiere! *to organise*		die Organisation – *the organisation*

Die römische Familie		
	schulisch *scholastic*	**die Schule** die Schulen *the school*

Die römische Familie		
tragen trage! *to wear*		

Die römische Familie		
wohnen wohne! *to live*		die Wohnung die Wohnungen *the flat*

Die römische Familie		
zuteilen teile zu! *to assign*		die Zuteilung die Zuteilungen *the assignment*

Arbeitsblatt — Die römische Familie

Du siehst (→ sehen) hier eine reiche römische Familie.
Zu einer römischen Familie gehörten der **pater familias** (= der **Vater**), die **Mutter**,
die **Söhne**, die **Töchter**, die Sklaven, die **Freigelassenen** und die **Klienten**.

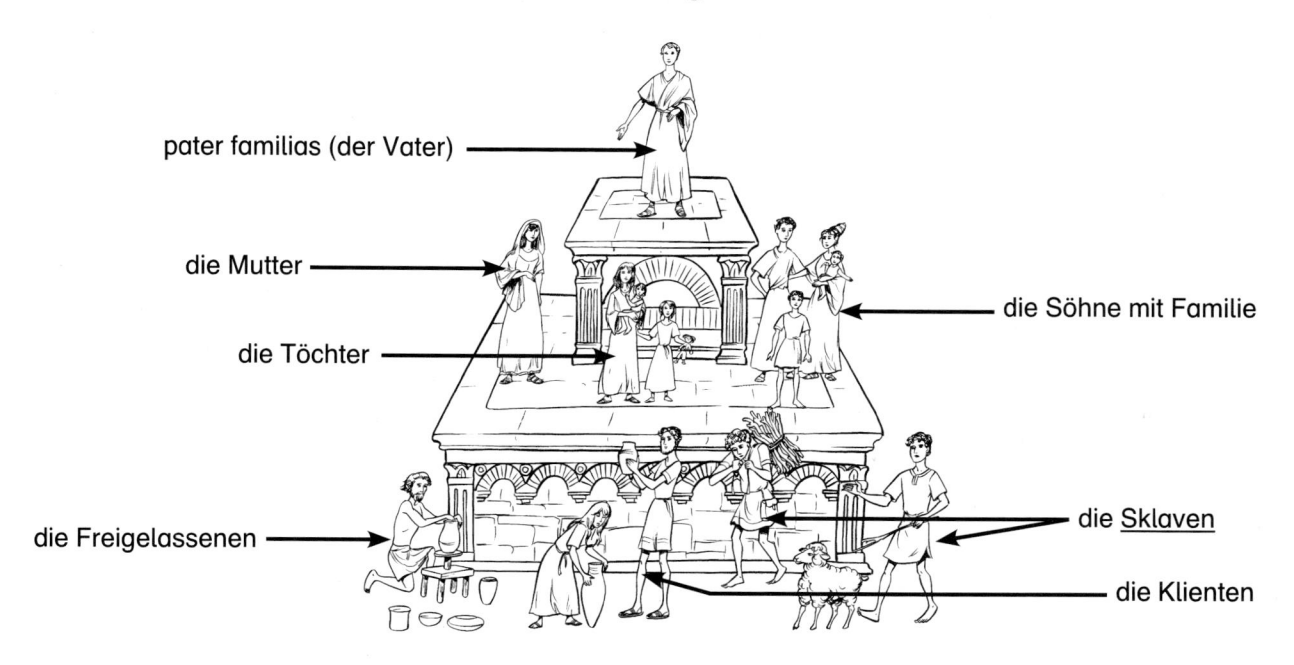

- pater familias (der Vater)
- die Mutter
- die Töchter
- die Söhne mit Familie
- die Freigelassenen
- die Sklaven
- die Klienten

1. Schreibe die richtigen Wörter in die Kästchen.

An der Spitze (∧) der **römischen Familie** stand der **pater familias** = der ☐ .

Unter (↓) dem pater familias waren die ☐ , die ☐ und die ☐ .
Unter (↓) diesen waren die ☐ , die ☐ und die ☐ .

2. a) Ordne zu (→ zuordnen). Verbinde die Kästchen zu einem Satz.

b) Schreibe die Sätze in dein Heft.

Der **Vater**	kümmert sich um die Erziehung der Kinder, organisiert den Haushalt und teilt den Sklaven die Arbeit zu (→ zuteilen).
Die **Mutter**	herrscht über die Familie.
Die Sklaven	helfen dem Vater. Sie wohnen nicht in der Familie.
Die **Freigelassenen**	waren früher Sklaven. Sie sind noch von dem Vater abhängig.
Die **Klienten**	machen den Haushalt oder arbeiten auf dem Ackerland.

Arbeitsblatt — Die römische Familie

Du siehst (→ sehen) hier eine reiche römische Familie.

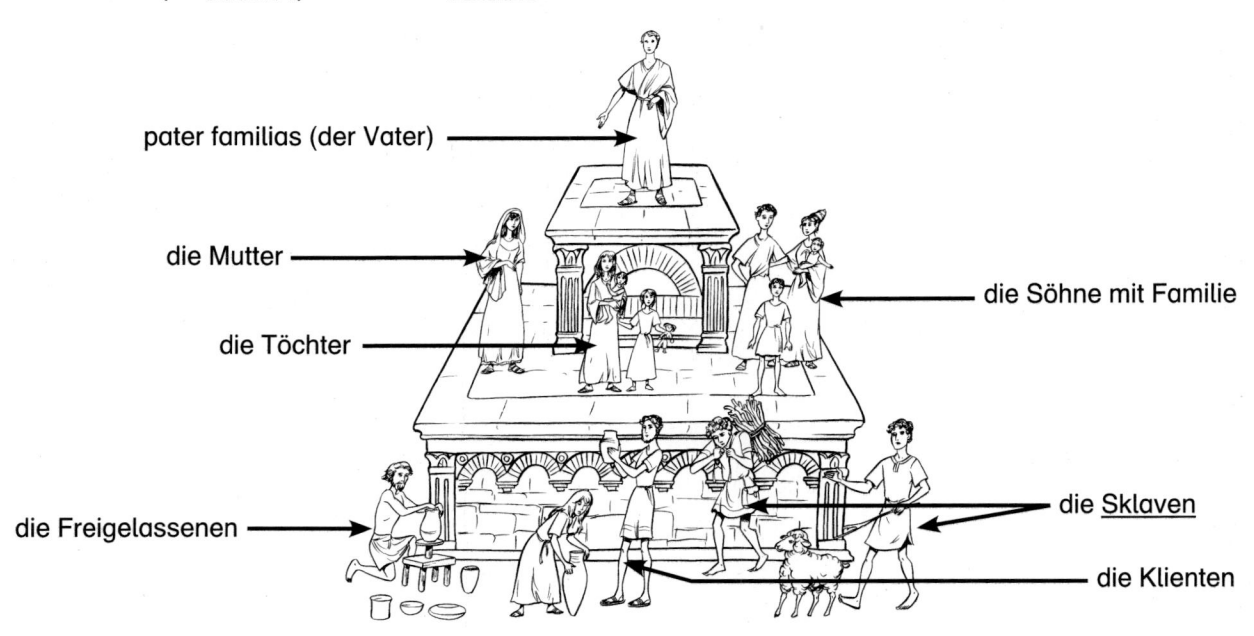

- pater familias (der Vater)
- die Mutter
- die Töchter
- die Söhne mit Familie
- die Freigelassenen
- die Sklaven
- die Klienten

1. Schreibe die Wörter richtig in die Kästchen: Sklaven, **Vater**, herrscht, Erziehung, abhängig, **Mutter**

Der **pater familias** = der **Vater** [ ] über die **Familie**. Die [ ] kümmert sich um die [ ] der Kinder, organisiert den Haushalt und teilt den Sklaven die Arbeit zu (→ zuteilen). Die [ ] machen den Haushalt oder arbeiten auf dem Ackerland. Die **Freigelassenen** waren früher Sklaven. Sie sind noch von dem Vater [ ]. Die **Klienten** helfen dem [ ]. Sie wohnen nicht in der Familie.

2. Beschreibe deutsche Familien, die du kennst.

a) Schneide die Bilder aus (→ ausschneiden) und ordne sie. Klebe die Bilder dann in dein Heft.

b) Wer macht was? Ordne die Wörter zu (→ zuordnen): die Erziehung, der Haushalt, der Beruf, die Schule. Schreibe die Wörter zu den Bildern in dein Heft.

| der Vater | die Mutter | der Sohn | die Tochter | der Mann | die Frau |

Lösung — **Die römische Familie**

1. An der Spitze (∧) der **römischen Familie** stand der **pater familias** = der [Vater].

Unter (↓) dem pater familias waren die [Mutter], die [Söhne] und die [Töchter].

Unter (↓) diesen waren die [Sklaven], die [Freigelassenen] und die [Klienten].

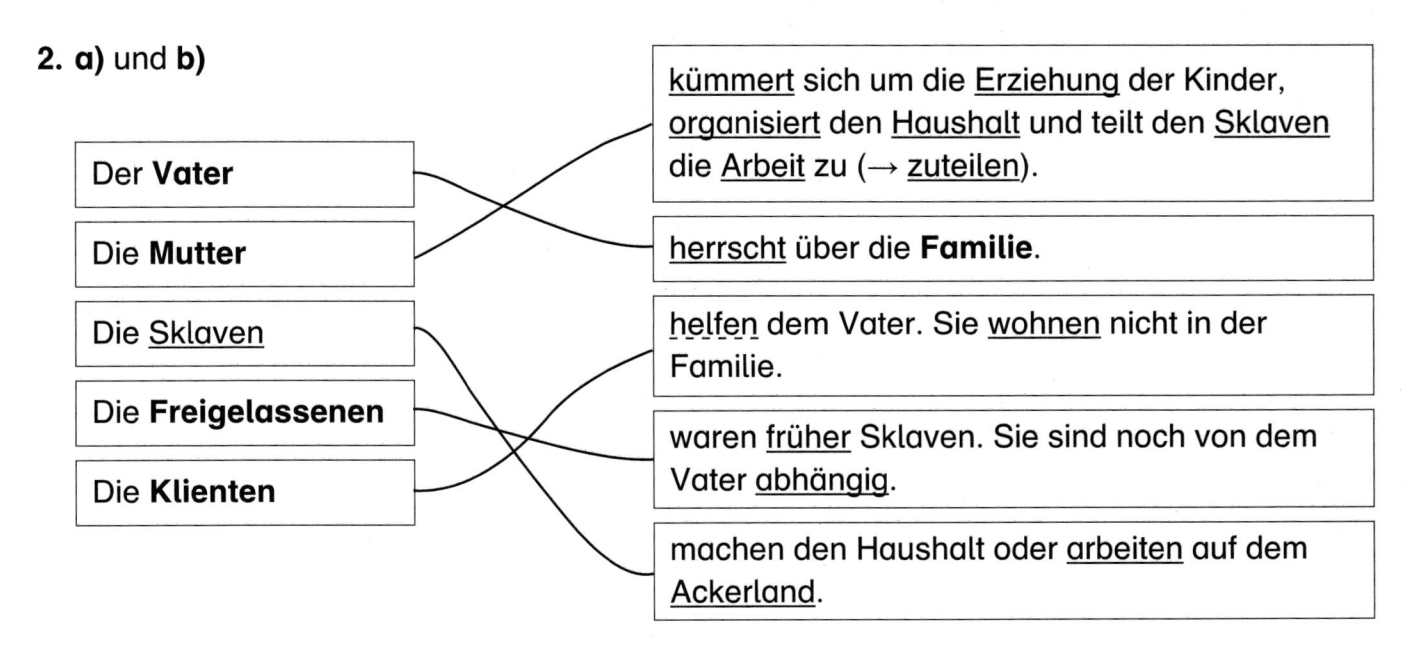

2. a) und b)

Der **Vater**	kümmert sich um die Erziehung der Kinder, organisiert den Haushalt und teilt den Sklaven die Arbeit zu (→ zuteilen).
Die **Mutter**	herrscht über die **Familie**.
Die Sklaven	helfen dem Vater. Sie wohnen nicht in der Familie.
Die **Freigelassenen**	waren früher Sklaven. Sie sind noch von dem Vater abhängig.
Die **Klienten**	machen den Haushalt oder arbeiten auf dem Ackerland.

(Zuordnung: Der Vater – herrscht über die Familie; Die Mutter – kümmert sich um die Erziehung…; Die Sklaven – machen den Haushalt oder arbeiten auf dem Ackerland; Die Freigelassenen – waren früher Sklaven…; Die Klienten – helfen dem Vater…)

1. Der **pater familias** = der **Vater** [herrscht] über die **Familie**. Die [Mutter] [kümmert] sich um die [Erziehung] der Kinder, organisiert den Haushalt und teilt den Sklaven die Arbeit zu (→ zuteilen). Die [Sklaven] machen den Haushalt oder arbeiten auf dem Ackerland. Die **Freigelassenen** waren früher Sklaven. Sie sind noch von dem Vater [abhängig]. Die **Klienten** helfen dem [Vater]. Sie wohnen nicht in der Familie.

2. a) und b)

Lösung individuell. Hier sind unterschiedliche Varianten möglich.

Der Limes – Römer und Germanen

Themenwortschatz

Der Limes – Römer und Germanen		
beobachten beobachte! *to observe*		die Beobachtung die Beobachtungen *the observation*

Der Limes – Römer und Germanen		
fließen fließe! *to flow*		**der Fluss** die Flüsse *the river*

Der Limes – Römer und Germanen		
	früher *formerly*	

Der Limes – Römer und Germanen		
		die Grenze die Grenzen *the boarder*

Der Limes – Römer und Germanen		
kämpfen kämpfe! *to fight*	kämpferisch *attacking*	**der Kampf** die Kämpfe *the fight*

Der Limes – Römer und Germanen		
kontrollieren kontrolliere! *to control*		die Kontrolle die Kontrollen *the control*

Der Limes – Römer und Germanen		
		das Militärlager die Militärlager *the military camp*

Der Limes – Römer und Germanen		
		der Verbindungsweg die Verbindungswege *the route*

Der Limes – Römer und Germanen		
		der Wachturm die Wachtürme *the watchtower*

Arbeitsblatt — **Der Limes – Römer und Germanen**

Die **Römer** dehnten ihr Herrschaftsgebiet immer weiter aus (→ ausdehnen).
Um 100 vor Christus gab es die 1. Kämpfe mit den **Germanen**.
58–50 vor Christus eroberten die Römer große Siedlungsgebiete der Germanen.
Diese Siedlungsgebiete waren links (←) des Flusses **Rhein**.
Der Fluss Rhein war jetzt die Grenze zwischen dem **Römischen Reich** und **Germanien**.
Später bauten die Römer an der Grenze den **Limes**.

1. a) Male in der Karte an (→ anmalen): **Limes** (= Grenze): rot, **Römisches Reich**: grün, **Germanien**: blau

b) Markiere den Fluss **Rhein**.

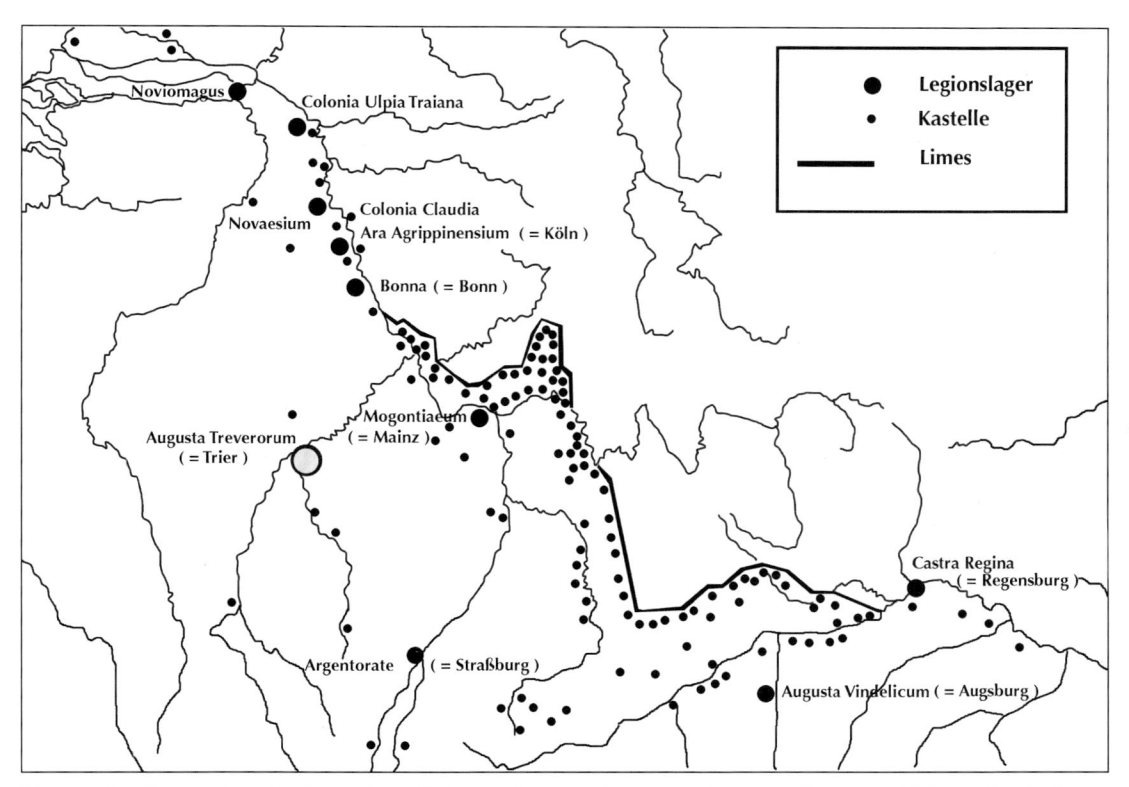

Legende:
● Legionslager
· Kastelle
— Limes

Orte auf der Karte: Noviomagus, Colonia Ulpia Traiana, Novaesium, Colonia Claudia Ara Agrippinensium (= Köln), Bonna (= Bonn), Augusta Treverorum (= Trier), Mogontiacum (= Mainz), Argentorate (= Straßburg), Castra Regina (= Regensburg), Augusta Vindelicum (= Augsburg)

Limes (= Grenze) zwischen dem **Römischen Reich** und **Germanien** um 160 nach Christus

2. Du siehst (→ sehen) hier den **Limes**.
Schreibe die Wörter in die Kästchen: Grenze, Handel, Germanen, Wachtürmen, Verbindungsweg

Der Limes war die ☐ zwischen dem

Römischen Reich und den ☐. Hier konnten die **Römer** den

☐ zwischen Römern und **Germanen** kontrollieren. Von den

☐ aus beobachteten die Römer die Grenze. Der Limes war

für die Römer auch ein ☐ von einem Herrschaftsgebiet

(Herrschaftsgebiet 1) in ein anderes Herrschaftsgebiet (Herrschaftsgebiet 2).

Arbeitsblatt **Der Limes – Römer und Germanen**

Die **Römer** dehnten ihr Herrschaftsgebiet immer weiter aus (→ ausdehnen).
Um 100 vor Christus gab es die ersten (= 1.) Kämpfe mit den **Germanen**.
58–50 vor Christus eroberte der Römer **Gaius Julius Caesar** die Siedlungsgebiete der Germanen links (←) des Flusses **Rhein**.
Der Fluss Rhein war jetzt die Grenze zwischen dem **Römischen Reich** und **Germanien**.
Die Römer wollten mehr (⬚→⬚) Siedlungsgebiete der Germanen erobern und kämpften auch rechts (→) des Flusses Rhein.
Später bauten die Römer an der Grenze den **Limes**.

1. a) Male in der Karte an (→ anmalen): **Limes** (= Grenze): rot, **Römisches Reich**: grün, **Germanien**: blau

   b) Markiere den Fluss **Rhein**.

   c) Zeichne in die Karte die heutige (→ heute) Grenze **Deutschlands**. Sieh (→ sehen) in einem Atlas nach.

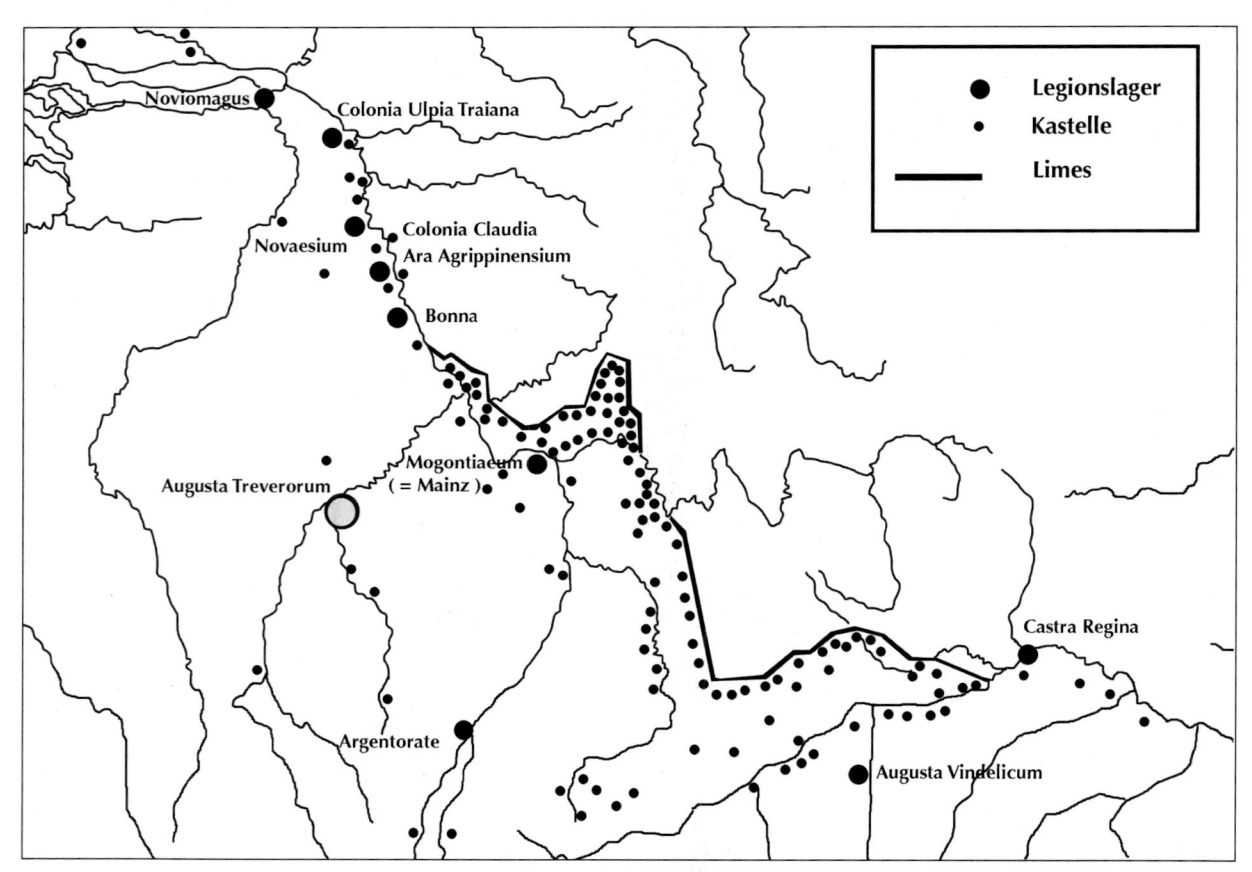

Limes (= Grenze) zwischen dem **Römischen Reich** und **Germanien** um 160 nach Christus

2. Du siehst (→ sehen) in der Karte, wo die **Römer** ihre **Kastelle** und **Legionslager** (= **römische** Militärlager) hatten. Einige **deutsche** Städte waren früher Militärlager der Römer.
   Welche heutigen (→ heute) deutschen Städte sind das? Suche in der Karte und in einem Atlas. Schreibe die Städte auf.

   _____

   _____

Der Limes – Römer und Germanen

Lösung

1. a), b) und c)

■ = **Römisches Reich** = grün, ▨ = **Germanien** = blau

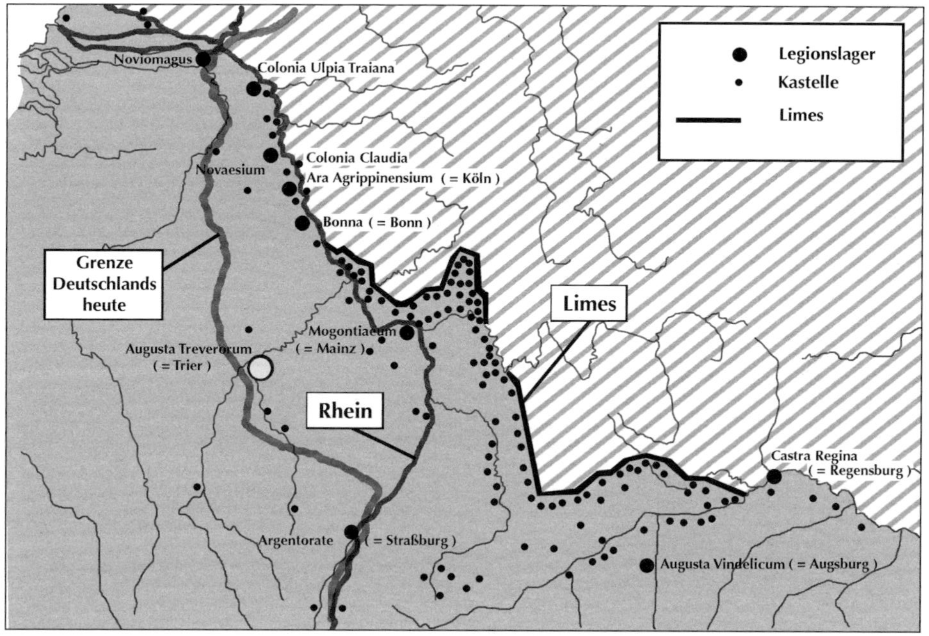

2. Köln, Bonn, Mainz, Trier, Augsburg, Regensburg

---

1. a) und b)

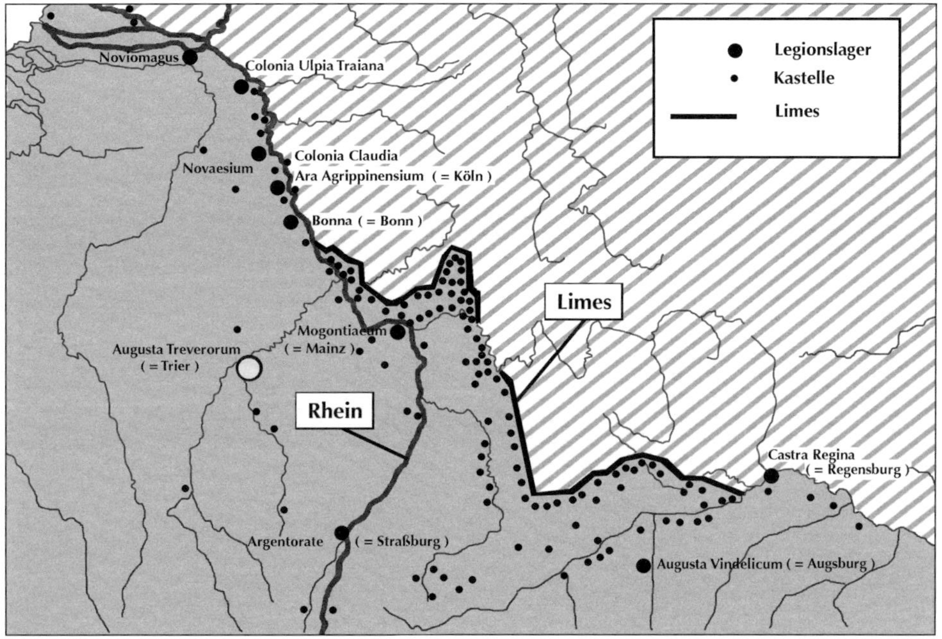

■ = **Römisches Reich** = grün, ▨ = **Germanien** = blau

2. Der Limes war die Grenze zwischen dem **Römischen Reich** und den **Germanen**. Hier konnten die **Römer** den Handel zwischen Römern und **Germanen** kontrollieren. Von den Wachtürmen aus beobachteten die Römer die Grenze. Der Limes war für die Römer auch ein Verbindungsweg von einem Herrschaftsgebiet (Herrschaftsgebiet 1) in ein anderes Herrschaftsgebiet (Herrschaftsgebiet 2).

Themenwortschatz — **Karl der Große**

Karl der Große		
	die Erbfolge die Erbfolgen *the succession*	

Karl der Große		
(sich) erinnern erinnere (dich)! *to remember*		**die Erinnerung** die Erinnerungen *the memory*

Karl der Große		
	das Herrschaftszeichen die Herrschaftszeichen *the insignia*	

Karl der Große		
herrschen herrsche! *to rule*	herrschaftlich *grand*	**der Herrscher** die Herrscher *the ruler*

Karl der Große		
kaiserlich *imperial*	**der Kaiser** die Kaiser *the emperor*	

Karl der Große		
	königlich *royal*	**der König** die Könige *the king*

Karl der Große		
krönen kröne! *to crown*		**die Krönung** die Krönungen *the coronation*

Karl der Große		
nachfolgen folge nach! *to succeed*		**der Nachfolger** die Nachfolger *the successor*

Karl der Große		
päpstlich *pontifical*	**der Papst** die Päpste *the pope*	

Karl der Große		
	westlich *west*	der Westen – *the west*

Arbeitsblatt — Karl der Große

Karl der Große war ein bedeutender (!) Herrscher des **Mittelalters**.
Er war von 768–814 König des **Fränkischen Reiches**. Das Fränkische Reich hatte unter Karl dem Großen die größte Ausdehnung und Macht.
Am 25.12.800 wurde Karl der Große vom Papst zum Kaiser gekrönt (→ krönen).

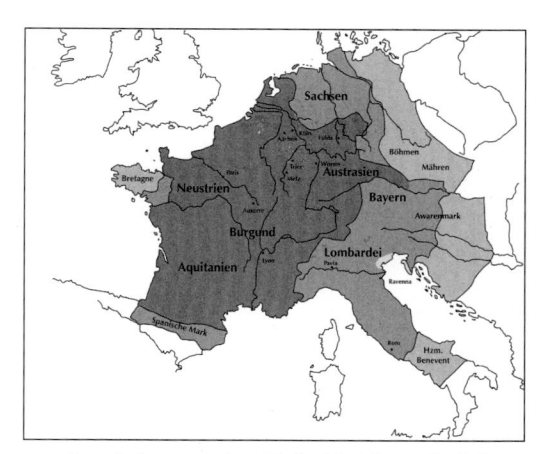

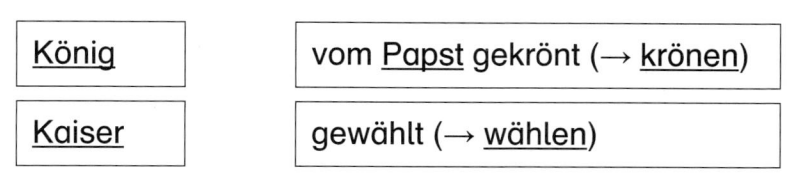

*Ausdehnung des **Fränkischen Reiches** unter **Karl dem Großen***

1. Ordne zu (→ zuordnen) und verbinde.

| König | vom Papst gekrönt (→ krönen) |
| Kaiser | gewählt (→ wählen) |

2. Du siehst (→ sehen) hier ein Bild von **Karl dem Großen**.

a) Markiere die richtigen Wörter.

b) Markiere die Herrschaftszeichen Karls des Großen.

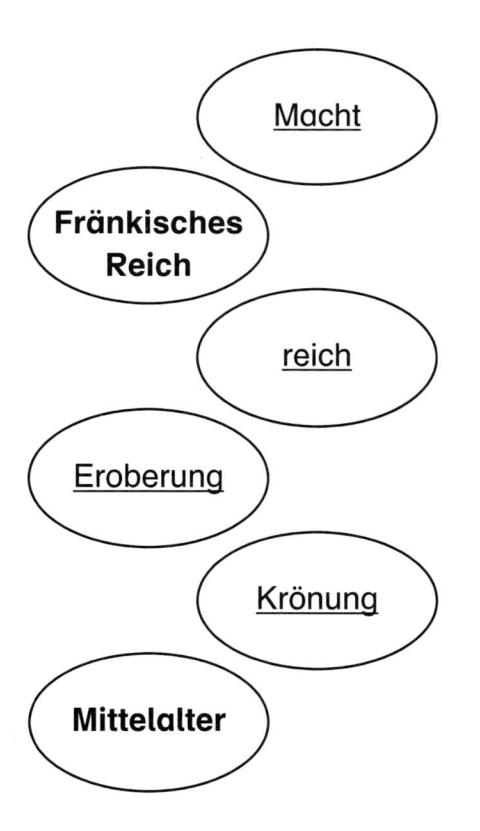

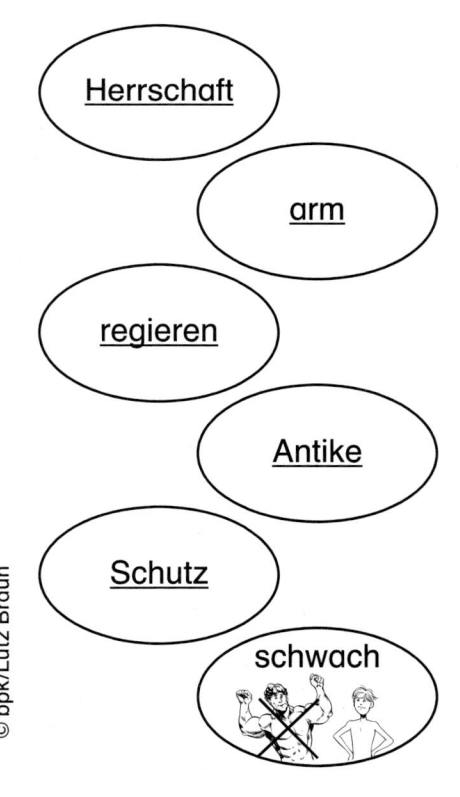

- Macht
- **Fränkisches Reich**
- reich
- Eroberung
- Krönung
- **Mittelalter**

- Herrschaft
- arm
- regieren
- Antike
- Schutz
- schwach

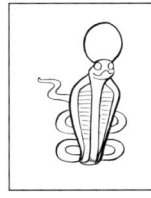

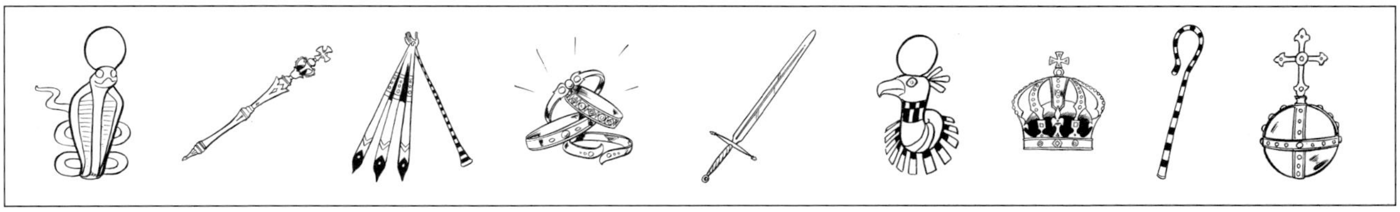

Arbeitsblatt — Karl der Große

Karl der Große war ein bedeutender (!) Herrscher des **Mittelalters**.
Er war von 768–814 König des **Fränkischen Reiches**.
Das Fränkische Reich hatte unter Karl dem Großen die größte (☒☐) Ausdehnung und Macht.
Am 25.12.800 wurde Karl der Große vom Papst zum Kaiser gekrönt (→ krönen).

1. Du siehst (→ sehen) hier eine Karte des **Fränkischen Reiches** unter **Karl dem Großen**.
   Welche heutigen (→ heute) Länder umfasste (◯) das Fränkische Reich?
   Suche die Länder im Atlas und schreibe die Länder auf.

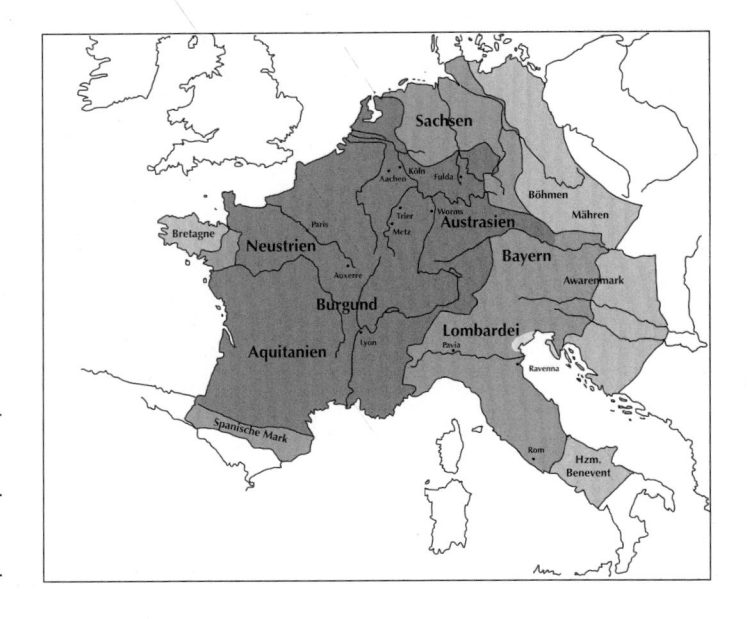

   _____

   _____

   _____

2. Ordne zu (→ zuordnen). Verbinde die Kästchen zu einem Satz.

Die Könige im **Fränkischen Reich** wurden	vom Papst gekrönt (→ krönen).
Der Kaiser wurde	an das mächtige **Römische Reich**, das es seit mehr als 300 Jahren nicht mehr gab.
Karl der Große war	gewählt (→ wählen). Es gab aber auch eine Erbfolge.
Die Kaiserkrönung (Kaiser + Krönung) Karls des Großen erinnerte	**Heiliges Römisches Reich** und später **Heiliges Römisches Reich Deutscher Nation** genannt (→ nennen).
Die **fränkischen** und später die **deutschen** Könige sahen (→ sehen) sich	der 1. westliche Herrscher seit der Antike, der zum Kaiser gekrönt (→ krönen) wurde.
Das Herrschaftsgebiet wurde	das Heilige Römische Reich Deutscher Nation aufgelöst (→ auflösen). 
1806 wurde	als die Nachfolger der **römischen** Kaiser.

Lösung — **Karl der Große**

1.
- König — gewählt (→ wählen)
- Kaiser — vom Papst gekrönt (→ krönen)

2. a) und b)

Begriffe rund um das Bild Karls des Großen:
- Macht
- **Fränkisches Reich**
- reich
- Eroberung
- Krönung
- **Mittelalter**
- Herrschaft
- arm
- regieren
- Antike
- Schutz
- schwach

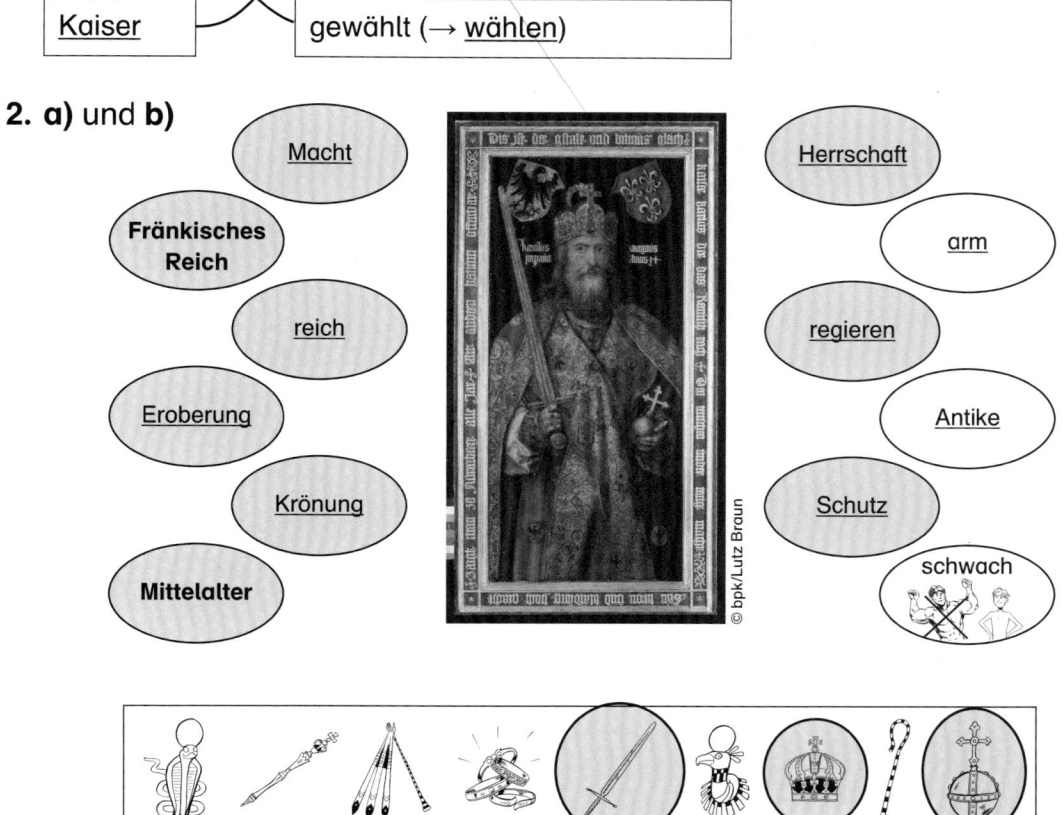

1. Frankreich, Niederlande, Luxemburg, Belgien, Deutschland, Dänemark, Italien, Tschechien, Österreich, Schweiz, Teile Sloweniens, Kroatiens und Spaniens

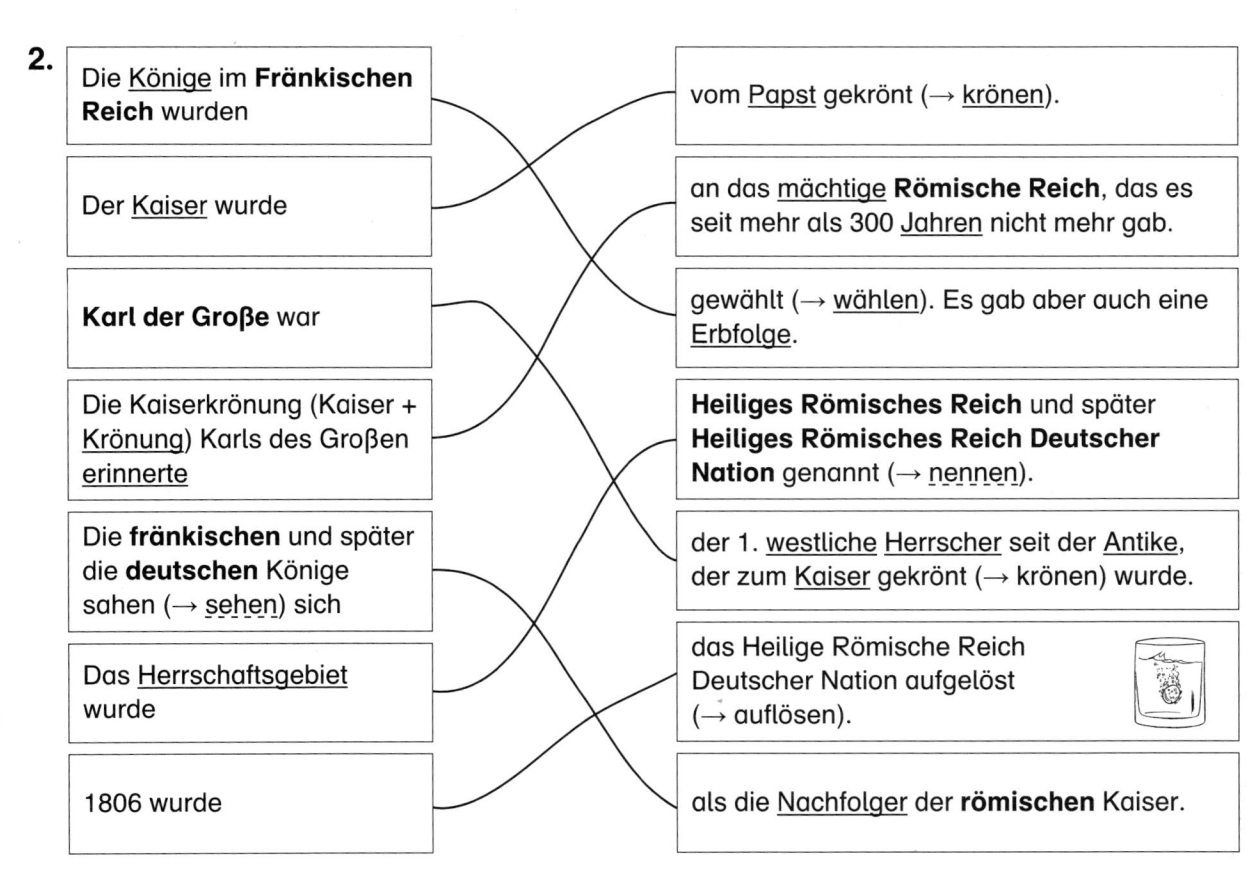

2.

- Die Könige im **Fränkischen Reich** wurden — gewählt (→ wählen). Es gab aber auch eine Erbfolge.
- Der Kaiser wurde — vom Papst gekrönt (→ krönen).
- **Karl der Große** war — der 1. westliche Herrscher seit der Antike, der zum Kaiser gekrönt (→ krönen) wurde.
- Die Kaiserkrönung (Kaiser + Krönung) Karls des Großen erinnerte — an das mächtige Römische Reich, das es seit mehr als 300 Jahren nicht mehr gab.
- Die fränkischen und später die deutschen Könige sahen (→ sehen) sich — als die Nachfolger der römischen Kaiser.
- Das Herrschaftsgebiet wurde — **Heiliges Römisches Reich** und später **Heiliges Römisches Reich Deutscher Nation** genannt (→ nennen).
- 1806 wurde — das Heilige Römische Reich Deutscher Nation aufgelöst (→ auflösen).

85

Leben auf der Burg

Leben auf der Burg		
angreifen greife an! *to attack*		**der Angriff** die Angriffe *the attack*

Leben auf der Burg		
		die Anhöhe die Anhöhen *the hill*

Leben auf der Burg		
beobachten beobachte! *to observe*		die Beobachtung die Beobachtungen *the observation*

Leben auf der Burg		
feiern feiere! *to celebrate*	feierlich *celebratory*	die Feier die Feiern *the celebration*

Leben auf der Burg		
heizen heize! *to heat*		die Heizung die Heizungen *the heater*

Leben auf der Burg		
		die Rüstung die Rüstungen *the armour*

Leben auf der Burg		
(sich) türmen – *to tower up*		**der Turm** die Türme *the tower*

Leben auf der Burg		
(sich) umgeben umgib dich! *to surround oneself*	**umgeben** *surrounded*	**die Umgebung** die Umgebungen *the environment*

Leben auf der Burg		
verteidigen verteidige! *to defend*		**die Verteidigung** die Verteidigungen *the defense*

Leben auf der Burg		
wohnen wohne! *to live*		die Wohnung die Wohnungen *the flat*

Arbeitsblatt — **Leben auf der Burg**

1. Du siehst (→ sehen) hier eine **mittelalterliche Burg**.

   a) Wo wurde was gemacht? Ordne zu (→ zuordnen) und verbinde die Kästchen zu einem Satz.

   b) Schreibe die Sätze in dein Heft.

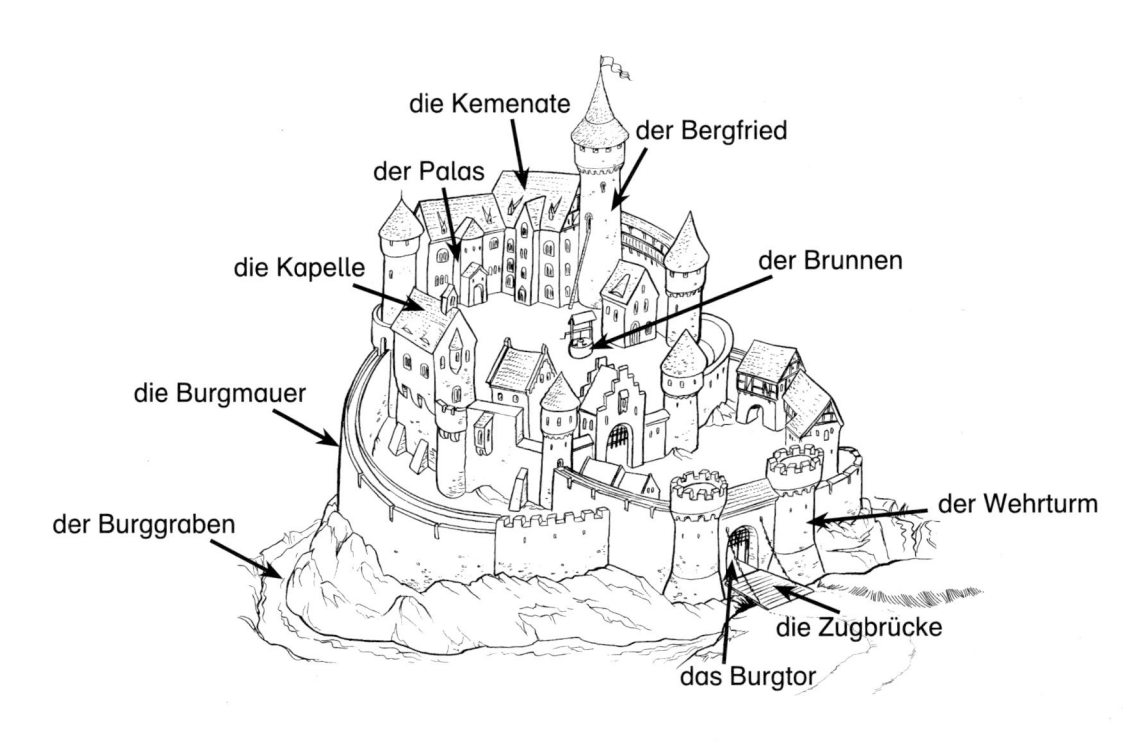

Beschriftungen der Burg:
- die Kemenate
- der Bergfried
- der Palas
- der Brunnen
- die Kapelle
- die Burgmauer
- der Burggraben
- der Wehrturm
- die Zugbrücke
- das Burgtor

Der **Burggraben**	versorgte die **Burg** mit Wasser. 
Von dem **Wehrturm** aus	wurden Feste gefeiert (→ feiern). 
Der **Brunnen**	konnte man die Umgebung beobachten und die Burg verteidigen.
Der **Bergfried**	wurden Gottesdienste gefeiert (→ feiern). 
In der beheizten (→ heizen) **Kemenate**	schützte vor Angriffen.
In dem **Palas**	war der größte (⊠ ☐) Turm der Burg. Er war nicht bewohnt (→ wohnen). Er war zur Verteidigung der Burg.
In der **Kapelle**	wohnten die Frauen und die Familie des Burgherren (= Herr der Burg). 

Arbeitsblatt — *Leben auf der Burg*

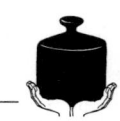

1. Du siehst (→ <u>sehen</u>) hier eine **mittelalterliche Burg** und einen mittelalterlichen **Ritter**. <u>Schreibe</u> die <u>Wörter</u> in die <u>Kästchen</u>: <u>Anhöhe</u>, <u>adliger</u>, <u>beobachten</u>, <u>Verteidigung</u>, **Burggraben**, <u>Rüstung</u>, <u>schützte</u>, <u>angreifen</u>, **Pferd**

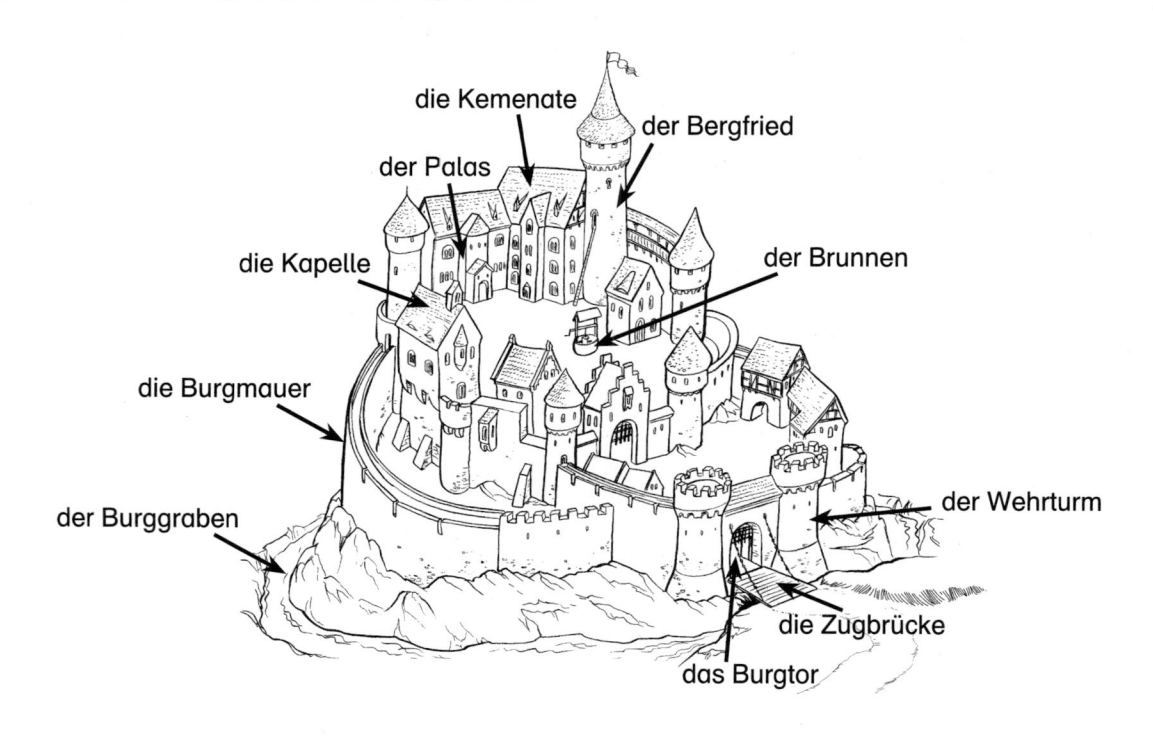

Beschriftungen der Burg:
- die Kemenate
- der Bergfried
- der Palas
- der Brunnen
- die Kapelle
- die Burgmauer
- der Wehrturm
- der Burggraben
- die Zugbrücke
- das Burgtor

Die **mittelalterlichen Burgen** wurden auf einen Berg oder eine [_____] gebaut (→ <u>bauen</u>). Oder sie waren von einem [_____] umgeben.

Dies [_____] vor <u>Angriffen</u>. Eine Burg auf einer <u>Anhöhe</u> oder mit einem **Burggraben** konnte man schwer [_____]. Von der Anhöhe konnten die Burgbewohner (= Menschen, die auf der Burg <u>wohnen</u>) die <u>Umgebung</u> gut [_____]. Der **Bergfried** war zur letzten [_____] der Burg.

Auf einer mittelalterlichen Burg lebten auch **Ritter**.

Ein Ritter war ein [_____] Kämpfer

auf einem [_____] (= Reiter). Der Ritter

trug (→ <u>tragen</u>) eine [_____].

Beschriftungen: der Ritter, das Pferd

88

Lösung — **Leben auf der Burg**

1. a) und b)

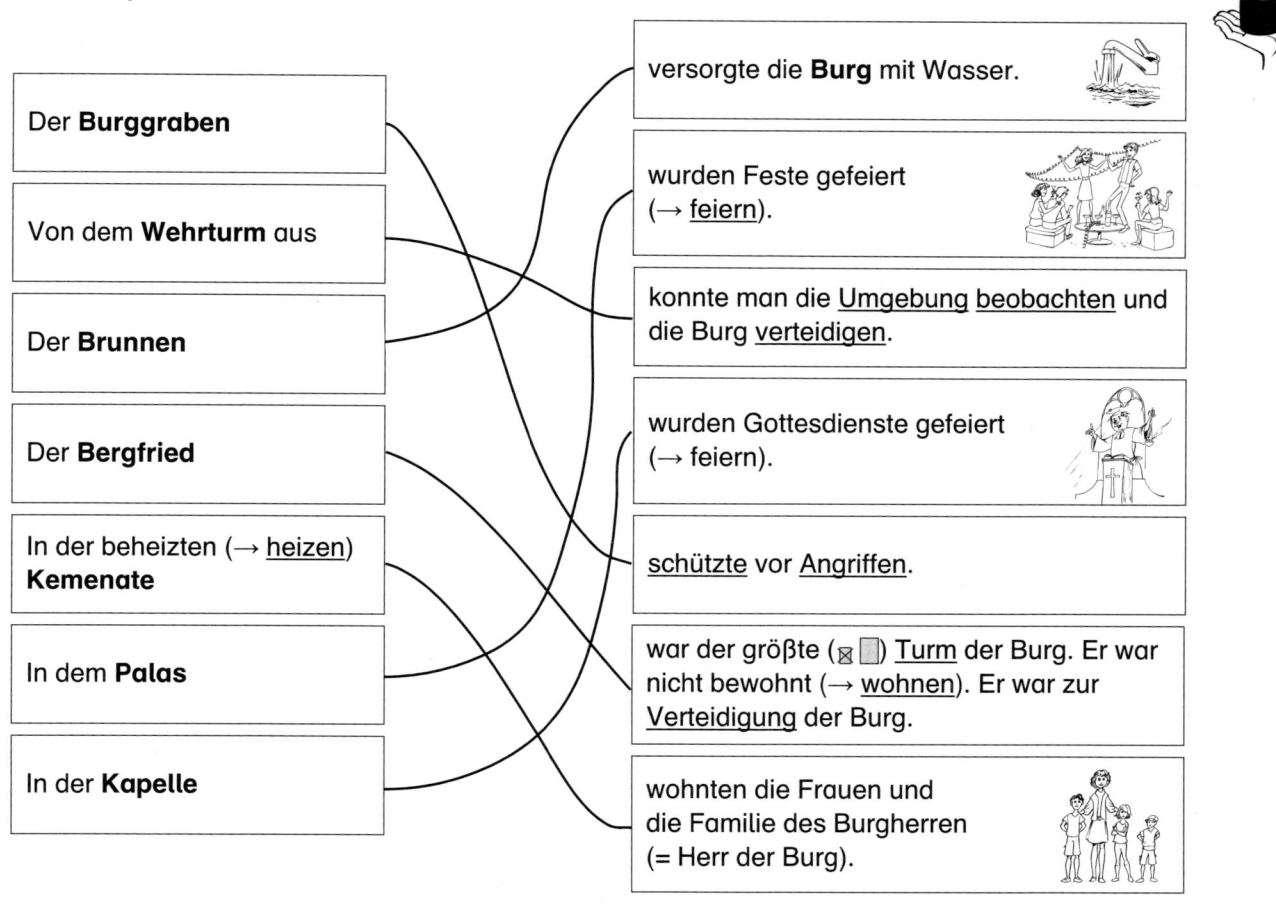

Der **Burggraben**	versorgte die **Burg** mit Wasser.
Von dem **Wehrturm** aus	wurden Feste gefeiert (→ feiern).
Der **Brunnen**	konnte man die Umgebung beobachten und die Burg verteidigen.
Der **Bergfried**	wurden Gottesdienste gefeiert (→ feiern).
In der beheizten (→ heizen) **Kemenate**	schützte vor Angriffen.
In dem **Palas**	war der größte Turm der Burg. Er war nicht bewohnt (→ wohnen). Er war zur Verteidigung der Burg.
In der **Kapelle**	wohnten die Frauen und die Familie des Burgherren (= Herr der Burg).

1. Die **mittelalterlichen Burgen** wurden auf einen Berg oder eine Anhöhe gebaut (→ bauen). Oder sie waren von einem Burggraben umgeben. Dies schützte vor Angriffen. Eine Burg auf einer Anhöhe oder mit einem Burggraben konnte man schwer angreifen. Von der Anhöhe konnten die Burgbewohner (= Menschen, die auf der Burg wohnen) die Umgebung gut beobachten. Der **Bergfried** war zur letzten Verteidigung der Burg.

Auf einer mittelalterlichen Burg lebten auch **Ritter**. Ein Ritter war ein adliger Kämpfer auf einem Pferd (= Reiter). Der Ritter trug (→ tragen) eine Rüstung.

Leben in der Stadt

Themenwortschatz

Leben in der Stadt		
	eng	die Enge –
	narrow	the narrowness

Leben in der Stadt		
	häuslich	**das Haus** die Häuser
	domestic	the house

Leben in der Stadt		
	–	**die Kaufleute**
		the merchants

Leben in der Stadt		
	religiös	die Religion die Religionen
	religious	the religion

Leben in der Stadt		
schließen schließe!		
to close		

Leben in der Stadt		
		die Straße die Straßen
		the street

Leben in der Stadt		
(sich) umgeben umgib dich!	**umgeben**	die Umgebung die Umgebungen
to surround oneself	surrounded	the environment

Leben in der Stadt		
		die Werkstatt die Werkstätten
		the workshop

Leben in der Stadt		
	wirtschaftlich	die Wirtschaft –
	economic	the economy

Leben in der Stadt		
	zentral	**das Zentrum** die Zentren
	central	the centre

Arbeitsblatt — Leben in der Stadt

Im **Mittelalter** wurden viele (🗺) der heutigen (→ heute) Großstädte (= große Stadt) gegründet (→ gründen).
Diese Städte wurden zu politischen, wirtschaftlichen und religiösen Zentren.

1. Du siehst (→ sehen) hier eine **mittelalterliche** Stadt.
Beschreibe die Stadt. Schreibe die Wörter in die Kästchen: **Kirche, Fluss, Marktplatz, Stadtmauer, Rathaus, Gassen, Stadttore,** Handwerker, Händler

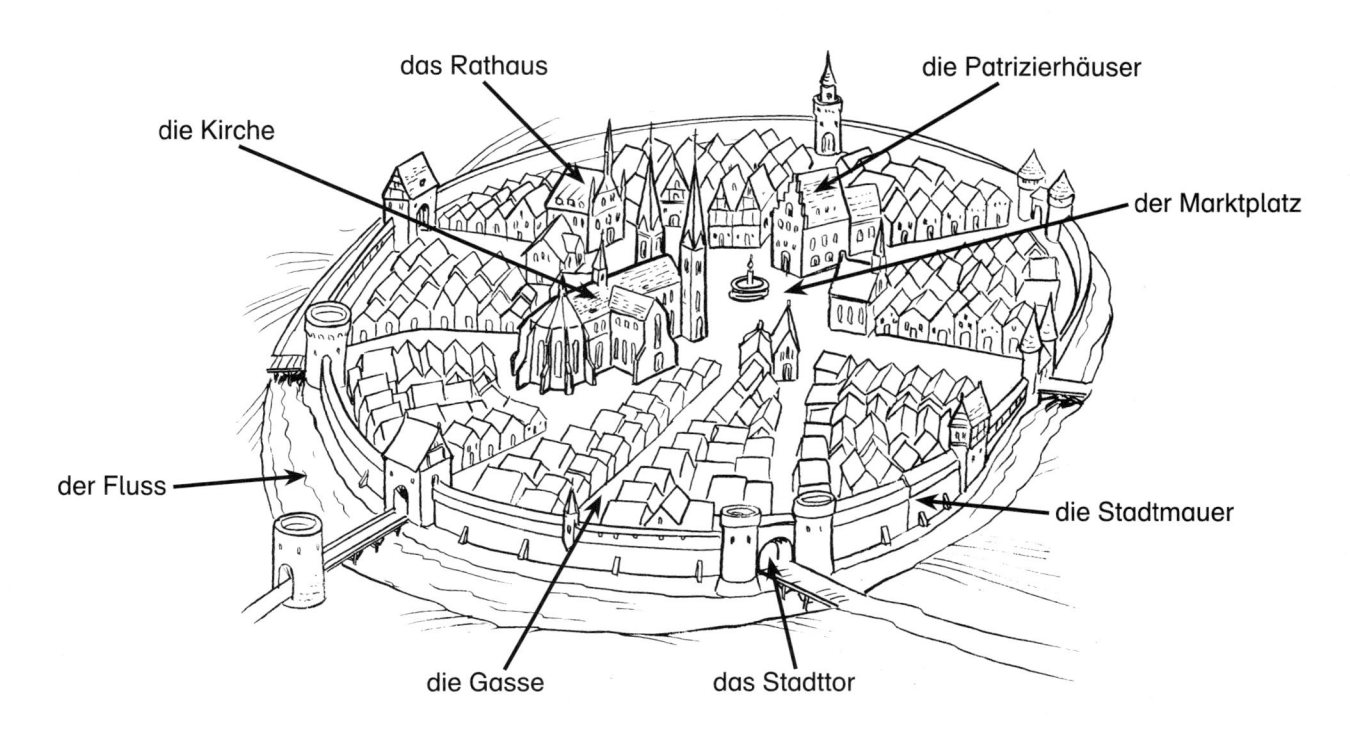

Beschriftungen der Abbildung: die Kirche — das Rathaus — die Patrizierhäuser — der Marktplatz — die Stadtmauer — das Stadttor — die Gasse — der Fluss

Die **mittelalterlichen** Städte waren oft an einem _____ . Das Zentrum der Stadt war der _____ . Hier wurde mit Waren gehandelt (→ handeln). Die Städte waren vor allem für _____ und _____ wichtig (❗).

Der **Marktplatz** war von der _____ , dem _____ und den **Patrizierhäusern** (= Häuser der reichen Bürger) umgeben.

Die Stadt war eng gebaut (→ bauen) mit engen _____ . Um die Stadt wurde eine _____ gebaut (→ bauen). Sie schützte die Stadt. In der Nacht (🌑) wurden die _____ geschlossen (→ schließen).

2. Was gibt es in der Stadt, in der du heute lebst? Kreuze an (→ ankreuzen).

☐ der **Fluss** ☐ das **Stadttor** ☐ das **Rathaus**
☐ die **Stadtmauer** ☐ der **Marktplatz** ☐ die **Kirche**

Arbeitsblatt **Leben in der Stadt**

Im **Mittelalter** wurden viele (🏘) der heutigen (→ heute) Großstädte (= große Stadt) gegründet (→ gründen).
Um das Jahr 1400 gab es ungefähr 3000 Städte im heutigen (→ heute) **Deutschland**.
Diese Städte wurden zu politischen, wirtschaftlichen und religiösen Zentren.

1. Beschrifte die **mittelalterliche** Stadt mit den Wörtern: der **Fluss**, der **Marktplatz**, die **Kirche**, das **Rathaus**, die **Patrizierhäuser**, die **Gasse**, die **Stadtmauer**, das **Stadttor**

   Die **mittelalterlichen** Städte waren oft an einem **Fluss**.
   Das Zentrum der Stadt war der **Marktplatz**. Hier wurde mit Waren gehandelt (→ handeln).
   Die Städte waren vor allem für Händler und Handwerker wichtig (!).
   Der Marktplatz war von der **Kirche** (Religion), dem **Rathaus** (Politik) und den **Patrizierhäusern** (= Häuser der reichen Bürger) umgeben.
   Die Stadt war eng gebaut (→ bauen) mit engen **Gassen**.
   Um die Stadt wurde eine **Stadtmauer** gebaut (→ bauen). Sie schützte die Stadt.
   In der Nacht (🌑) wurden die **Stadttore** geschlossen (→ schließen).

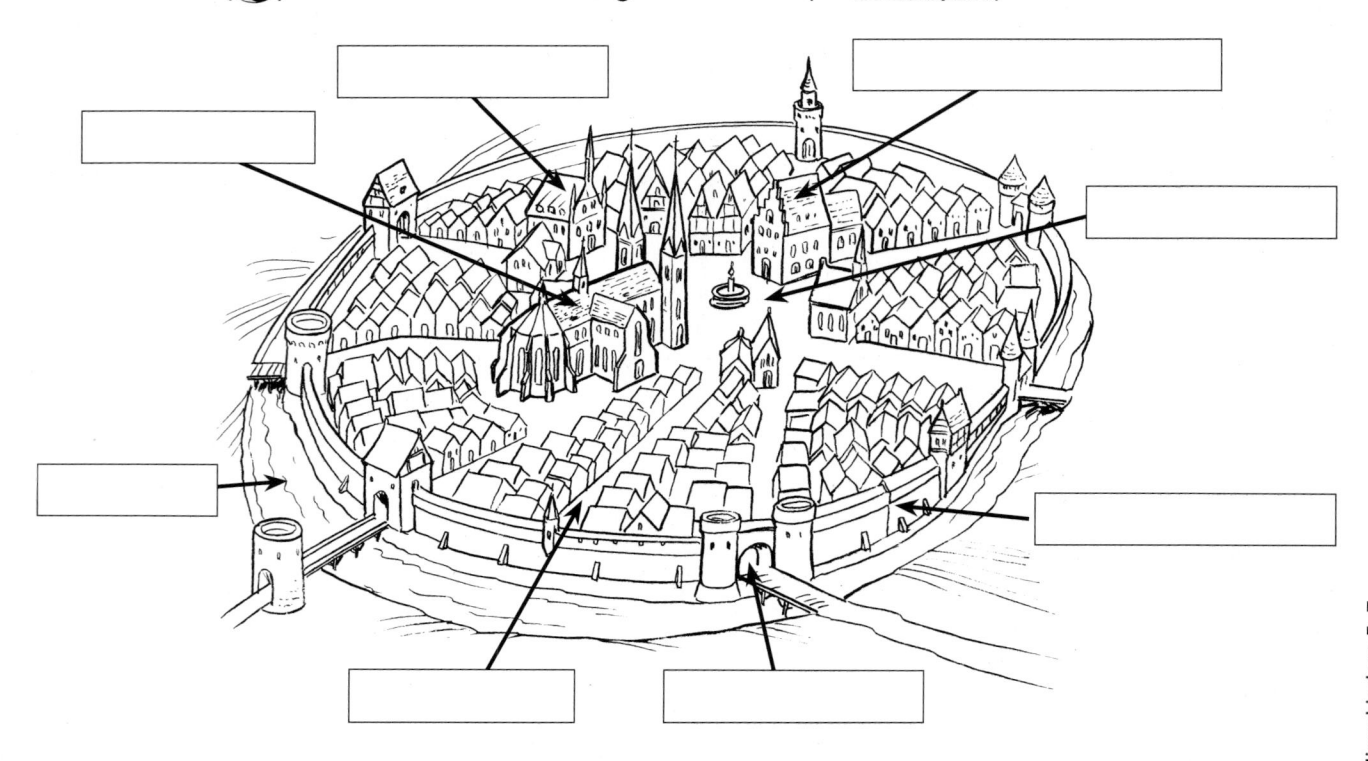

2. Die **Gassen** einer **mittelalterlichen** Stadt wurden häufig nach Handwerksberufen (= Handwerker + Beruf) benannt (→ nennen).
   Nimm eine Karte der Stadt, in der du heute lebst. Suche, ob es in deiner Stadt Straßen gibt, die nach Handwerksberufen (= Handwerker + Beruf) benannt (→ nennen) sind.
   Wenn du Hilfe brauchst, frage deinen Lehrer. Schreibe die Namen in dein Heft.

der Bäcker    der Barbier    der Sattler

Leben in der Stadt

Lösung

1. Die **mittelalterlichen** Städte waren oft an einem [**Fluss**]. Das Zentrum der Stadt war der [**Marktplatz**]. Hier wurde mit Waren gehandelt (→ handeln). Die Städte waren vor allem für [**Händler**] und [**Handwerker**] wichtig (!). Der **Marktplatz** war von der [**Kirche**], dem [**Rathaus**] und den **Patrizierhäusern** (= Häuser der reichen Bürger) umgeben. Die Stadt war eng gebaut (→ bauen) mit engen [**Gassen**]. Um die Stadt wurde eine [**Stadtmauer**] gebaut (→ bauen). Sie schützte die Stadt. In der Nacht (●) wurden die [**Stadttore**] geschlossen (→ schließen).

2. Lösung individuell

1.

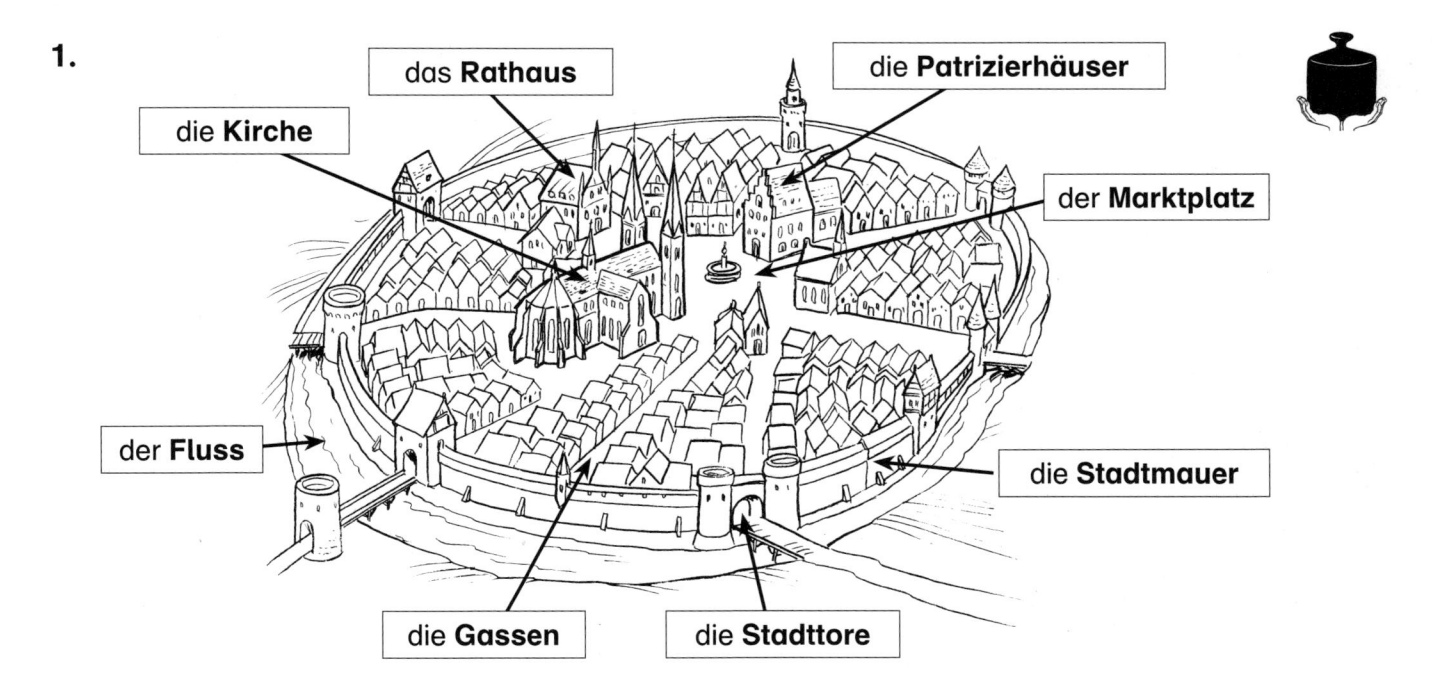

Beschriftungen der Stadtansicht:
- das **Rathaus**
- die **Patrizierhäuser**
- die **Kirche**
- der **Marktplatz**
- der **Fluss**
- die **Stadtmauer**
- die **Gassen**
- die **Stadttore**

2. Lösung individuell

Und das Beste: Schon ab zwei Kollegen können Sie von der günstigen **Schulmitgliedschaft** profitieren!

Infos unter: **lehrerbuero.de**

» lehrerbüro

Das Online-Portal für Unterricht und Schulalltag!